판타지 동화를
읽습니다

일러두기

- 외래어는 국립국어원의 표기 원칙을 따랐습니다.
- 외국 작품은 괄호 안에 출간 연도를 적고, 국내 출간되지 않은 작품에 한해 원어 제목을 함께 표기하였습니다. 국내 출간된 작품은 번역본의 제목을 따랐습니다. 모든 저자와 작품의 원어는 찾아보기에 있습니다.
- 국내 작품은 괄호 안에 저자와 출간 연도 및 출판사를 병기하였습니다.
- 책 제목은 『 』, 단편 제목은 「 」로 구분하였습니다.

현실 너머를 밝혀주는 **판타지 동화를 읽습니다**

김서정 지음

학교
도서관
저널

개정증보판 머리말

다시 탐험에 나서며

『멋진 판타지』가 처음 나온 지 20년이 훌쩍 넘었다. 10년도 더 지난 뒤 2쇄를 찍었나 했는데, 곧바로 출판사가 문을 닫았다(그 때문에 문 닫은 건 설마, 절대, 아닐 것이다). 책 팔자가 그러려니 했다. 너무 예전 글이고, 지금 판타지 상황은 그때와 비교할 수 없이 달라졌기 때문에 다시 태어나게 되리라고는 생각하지 않았다. 그런데…… 이렇게 됐다.

　책을 다시 내자고 제안해준 학교도서관저널이 아니었다면 여전히 꿈도 꾸지 않고 있었을 것이다. 초판 당시 한국 판타지에 대한 언급을 못 했던지라 뭔가 빚진 느낌을 늘 갖고 있기는 했지만 본격적으로 뛰어든다는 건 엄두도 나지 않는 일이었다. 그런데 한국 판타지 작품에 대한 글을 연재하고 그 뒤 다른 부분도 다듬어 개정증보판을 내자는 계획이 도깨비방망이 뚝딱 내리친 듯 삽시간에 터져 나왔다. 나는 뭔가에 홀린 듯 일에 착수해 100여 권의 한국 판타지 동화와 청소년소설들을 훑어보았고, 〈기획회의〉에 격주로 6회의 연재 글을 썼고, 나머지 부분을 더하고 빼고 이리 뒤집고 저리 붙여 다듬었다. 한 가지 민망한 일은, 당시 원고를 쓸 때 참고했던 이론서들을 대부분 기증한 상태라 출처를 찾아 밝힐 수 없는 인용문들이 있다는 것이다. 이 불찰을 널리 양해해주시기 바라고, 혹시 도움을 주신다면 감사히 받아 기회가 생길 때 보완하려고 한다.

    초판에 한국 판타지 언급이 없었던 것은, 본문에서도 분석했지만, 당시가 아동청소년문학에 판타지 붐이 막 일기 시작한 때였기 때문이다. 역사와 현황을 조망할 충분한 자료가 쌓이기에는 우리 판타지 연륜이 짧았다. 서구 이론과 작품에 의해 세워진 나의 시각이 다져지고 넓어져서 우리 작품 안으로 스며들기에는 나의 연륜도 짧았다.
    그로부터 20여 년이 지난 뒤, 나의 연륜은 모르겠으나 우리 판타지의 연륜은 상당히 쌓인 모양새다. 양적인 면에서, 만들어내는 판타지 세계의 다양성에 있어서, 아동문학계 안의 비중에 있어서, 여러 면에서 판타지는 활발했다. 둘러볼 만한 영토가 충분히 구축된 셈이다. 주로 2000년을 전후해서 지금까지 나온, 판타지적인 요소가 들어간 동화와 청소년소설들로 구축된 영토인데, 다른 평론가나 작가들의 추천을 받기도 했지만 전모를 살피기에는 아마 내 눈이 미치지 못한 부분이 많을 것이다. 지금까지의 판타지에 대한 정의 바

끝에 있는 작품들도 있을 것이다. 어쩌면 우리 판타지에 대한 정의는 새롭게 쓰여야 하고, 그 판타지 나라를 탐험하는 장비도 새롭게 갖추어야 할지도 모른다. 이 과제는…… 다음을 기약한다. 또 알겠는가, 20여 년 후에 다시 도깨비방망이 휘둘러진 듯 세 번째 개정판이 나올지.

2021년 8월
김서정

초판 머리말

나는 판타지의
변화무쌍함과 역동성이 좋다

내가 처음 쓴 동화 「눈 아이들」은 판타지였다. 비록 원고지 스무 장 짜리 짧은 이야기였지만, 이 책에서 이것저것 들어 놓은 판타지의 기준에는 턱없이 모자라는 이야기였지만, 그래도 나는 그렇게 우기고 싶다. 달리는 버스 창밖으로 훨훨 날리는 눈송이들을 보면서 눈송이 하나하나가 다 살아 있는 아이들 같았고, 그 아이들이 저 높은 하늘나라에서, 녹지도 않고 해님 둘레에 몰려서서 지상으로 놀러 나가게 해 달라며 조르는 소리가 들리는 듯했다. 땅으로 내려온 눈 아이들이 나뭇잎과 만나고, 다람쥐를 겨울잠에서 깨워 깜짝 놀라게 하는 장면이 눈앞에 펼쳐지는 것 같았다.

　내가 어렸을 때 가장 좋아했던 동화도 판타지였다. 사실, 그때 내가 좋아했던 것은 주로 중국이나 독일이나 프랑스의 '전래동화'였지만 '판타지'였다고 말하고 싶다. 이 책에서 전래동화는 엄격한 의

미에서 판타지로 분류되지 않는다고 쓰고 있지만, 그래도 나는 그렇게 우기고 싶다. 꽃을 애지중지 키우던 할아버지가 그 뜰을 탐낸 도둑의 모함을 받아 옥에 갇히자, 분개한 꽃들이 회오리바람을 일으키며 예쁜 여자들로 변해 잔치판을 벌이던 도둑들을 혼내준다는 이야기는 너무나 매혹적이면서 통쾌했다. 왕자가 공주에게 입을 맞춰 100년 잠에서 깨운 뒤 결혼한다는 이야기와는 상당히 다른 판본의 「잠자는 숲속의 공주」를 읽었을 때의 놀라움! 왕자는 공주가 잠든 상태에서 몰래 그 탑을 들락거리고 급기야 잠든 상태에서 아이 둘을 낳게 한다. (이런 파렴치한이 있나!) 어찌어찌 깨어난 공주와 아이들을 왕자가 성으로 데려가니 이번에는 왕자의 어머니가 식인귀였던지라 손주들을 못 잡아먹어서 안달한다. 이런 황당하고 이상하고 끔찍해 보이기도 하는 옛이야기들이 사실은 인생과 인간의 깊은 내면의 진실과 본성을 보여주는 것이라는 해설을 나중에 대했을 때 나는 일말의 안도감을 느꼈다.

    글을 쓰면서 이 책 저 책 들춰 봤지만 판타지란 이런 것이라고 딱 잘라 말하는 사람은 없었다. 톨킨부터 이고프까지 많은 판타지 전문가들은 그 깊고 풍요로운 영토를 조심스럽고 겸손하게, 그러나 큰 기쁨과 자랑으로 탐사하며 지형도를 그려나가고 있었다. 하지만 온전한 지형도를 그리기에 판타지라는 나라는 너무나 넓고 끝없이 변화하고 있다. 이 동네는 대충 둘러보고 지리를 익혔다 싶으면 또 다른 길이 어느새 나타난다. 이 길이 맞지 하며 가다가도 더 재미있어 보이는 골목으로 빠져 헤매게 된다. 판타지의 그런 변화무쌍함과 역동성이 나는 좋다. 엄격한 국경도 헌법도 없이 진실과 자유로 살아가는 나라, 시민권도 이민권도 필요 없이 다양한 주민들이 재미있게 그러나 아주 치열하게 사는 나라. 꼭 닫힌 경계선 대신 독창적이고 자율적이면서도 엄격한 자기 질서로 자기 정체성을 세우는 나라. 좋은 판타지는 그런 나라와 비슷하다. 나는 이 나라에 독자 여러분을, 능숙한 안내인이 아니라 함께 헤매는 탐험가로 초대하고 싶다.

2002년 3월

김 서 정

── 차례 ──

개정증보판 머리말
다시 탐험에 나서며 ♠ 5

초판 머리말
나는 판타지의 변화무쌍함과 역동성이 좋다 ♠ 8

1
판타지는 멋있다

판타지란 무엇인가 ♠ 17
전래동화도 판타지인가 ♠ 21
판타지 세계의 법칙 ♠ 25
판타지 세계는 어디에? ♠ 29
판타지 세계로 가는 길 ♠ 33
판타지 세계에는 누가 사나 ♠ 37
시간이 만드는 판타지 ♠ 41
동물과 판타지 ♠ 44
판타지의 기능 ♠ 48
선과 악 그리고 판타지 ♠ 53
판타지의 힘 ♠ 57
판타지를 쓰는 사람들 ♠ 61

2
서구 판타지 세계

판타지의 뿌리: 독일 판타지 ▲ 67
아동 판타지의 발전: 영국 판타지 ▲ 77
경계를 넘어서: 미국 판타지 ▲ 89

나의 첫 번째 판타지 『별의 눈』 ▲ 97
어린이 만세, 어린이문학 만세! 『이상한 나라의 앨리스』 ▲ 101
잃어버린 낙원 『곰돌이 푸우는 아무도 못 말려』 ▲ 106
내 이름은 꼬마 혁명가 『내 이름은 삐삐 롱스타킹』 ▲ 114
어린이의 지성과 어른의 환상 『나니아 연대기』 ▲ 120
죽어가는 아이들을 위해 『샬롯의 거미줄』 ▲ 128
시간이란 무엇인가 『한밤중 톰의 정원에서』 ▲ 131
과학의 옷을 입은 판타지 『시간의 주름』 ▲ 138
댁의 가족은 안녕하신가요 『오이대왕』 ▲ 144
지금 우리에게 유효한 깨우침 『위대한 마법사 달벤』 ▲ 151
씁쓸한 진실, 불안한 희망 『머릿속의 난쟁이』 ▲ 154
마녀는 사랑을 지키기 위해 싸운다 『달빛 마신 소녀』 ▲ 158
무(無)를 무화(無化)시키는 환상의 힘 『끝없는 이야기』 ▲ 161

3
우리 판타지 세계

높았던 진입 장벽, 지금은? ▲ 181
판타지의 시공간 ▲ 186
판타지 세계의 주민 ▲ 195
"안 보이는 것도 봐야 해!" ▲ 204
가볍지만 가볍지 않은 판타지 ▲ 211
판타지는 무슨 말을 하는가 ▲ 220
또 다른 나를 찾아서 ▲ 229
한국 판타지 아동문학을 소개하며 ▲ 239

무엇이 판타지인가 『플로라의 비밀』 ▲ 246
왜 판타지인가 『지팡이 경주』 ▲ 251
죄책감을 씻기 위해 『기억을 가져온 아이』 ▲ 257
판타지인 듯 아닌 듯 『은하철도 999의 기적』 ▲ 260
현재가 과거를 바꾼다 『거꾸로 가는 고양이시계』 ▲ 262
얼토당토않은 아이의 이야기? 『우리 집 괴물 친구들』 ▲ 265

찾아보기 ▲ 268

1

판타지는 벗었다

판타지란 무엇인가

동화를 읽으면서 얻을 수 있는 즐거움에는 여러 가지가 있겠지만, 그중 가장 큰 즐거움은 온갖 신기한 일을 보는 것이 아닐까? 하늘을 새처럼 훨훨 날아다니는가 하면 땅바닥에 그려진 그림 속으로 쑥 들어가기도 하고, 소인이 되어 소꿉놀잇감으로 알콩달콩 진짜 살림을 하는가 하면 심술쟁이 거인과 싸워 통쾌하게 이기기도 하고, 말하는 사자를 학교로 데려가 평소에 자기를 못살게 굴던 친구를 혼내 주고……. 머릿속으로 상상만 하던, 또는 상상도 못 하던 기발한 장면이 눈앞에 펼쳐지는 책을 읽노라면 우리는 뭔지 모르게 한껏 자유로워지는 느낌을 받게 된다.

이런 일이 일어나는 동화를 우리는 흔히 판타지fantasy라고 한다. 판타지라는 말은 그리스어에서 나왔는데, 글자 그대로 설명하자면 '눈에 보이도록 하는 것'이다. 옥스퍼드 사전에서는 이 낱말의 뜻을 "현실로는 나타나지 않는 것을, 상상력의 힘을 빌려 어떤 특정한 모양으로 바꾸어 놓는 활동이나 힘 또는 그 결과"라고 풀어 놓는다. 그러니까 우리 눈으로 볼 수 없는 것, 현실적으로는 있을 수 없는 일이 일어나도록 꾸미고, 그것을 사람들이 보고 들을 수 있도록 만드는 활동이라는 것이다.

그렇다면 토끼가 노래하고 꽃이 춤춘다는 단순한 이야기도 판타지가 될 수 있을까? 그렇지는 않다. 동화 작품으로서의 판타지에는 좀 더 복잡하고 엄격한 기준이 필요하다. 많은 학자들이 판타지라는 장르의 정의를 내리기 위해 애썼는데, 그것을 종합해 보면 다음과 같은 공통점을 찾을 수 있다.

우선, 판타지는 현실 세계의 법칙을 깨뜨리는 이야기이다. 그러니까 '마술적이다, 초현실적이다, 비현실적이다, 기적적이다'라고 말할 수 있는 요소가 있어야 한다는 것이다. 그 요소는 과학으로 증명할 수 없고, 논리로 설명할 수도 없어야 한다.

그러나 그것이 전부는 아니다. 그보다 더 중요한 것은, 그런 요소들이 다른 세계에 대한 생각을 끌어내야 한다는 점이다. 동물이 사람처럼 말하고 행동하는 우화는, 비현실적이기는 하지만 판타지라고 하지는 않는다. 동물을 빗대어 사실은 사람에 대해서, 이 세계에 대해서 이야기한다는 것을 누구나 알 수 있기 때문이다. 이 세계와는 다른 또 하나의 세계, 다른 사람은 생각지도 못했던 나만의 세계를 뛰어난 상상력으로 만들어 내놓아, 읽는 이를 놀라게 하고 감탄하게 하는 이야기, 그것이 바로 판타지이다.

『반지의 제왕』(1954~1955)이라는, 그야말로 놀라운 판타지를 쓴 존 로날드 로웰 톨킨의 판타지론은 바로 그 다른 세계를 강조하고 있다. 톨킨이 2차 세계라고 이름 붙인 그곳은 현실에는 없는 공간과 시간에서 우리 사람과 사뭇 다른 모습을 한 생명체들이, 우리 일상의 질서와는 다른 질서에 따라 살아가는 모습을 보여준다. 그러나 그 세계는 우리의 현실과 아무 상관없는 곳이 아니다. 오히려 우리가 지금 살아가는 세계가 감추고 있는 어떤 비밀, 근원적 문제, 깊은 의미를 눈앞으로 이끌어냄으로써 현실에 대한 새로운 눈을 뜨게 해 줄 수 있는 것이다.

마지막으로, 이야기의 길이. 옥스퍼드 어린이문학 사전은 판타지를 대체로 소설 길이의 픽션fiction이라고 설명한다. 학자들이 연구 대상으로 삼는 판타지들은 거의 다 장편이다. 한 권으로 모자라서 너 권씩 연작으로 이어지는 것도 많고, C. S. 루이스의 나니아 연대기(1950~1956)는 무려 일곱 권으로 되어 있다. 물론 에디스 네스빗 같은 작가들의 일부 단편들은 중요한 판타지로 여겨지기도 하지만, 짧은 이야기는 아무래도 판타지 논의에서 비켜서 있다.

창작을 한다는 일이 모두 그렇지만, 판타지를 쓰는 일은 그렇게 쉬운 일이 아니다. 톨킨이 말했듯, "요정은, 즉 판타지 세계는 언어의 그물로 잡을 수 없다. 파악할 수는 있지만 말로 표현할 수 없는 성질의 것이기 때문"이다. 그러나 작가들은 엉킨 실타래 같은 어지러운 생각 속에서 생생하고 의미 깊은 생명을 만들어내는 판타지를 쓰고 싶어 한다. 현실은 비현실 속에서, 진실은 허구 속에서 더욱 뚜렷이

♠ 이후 모든 출간 연도는 번역본이 아닌 원서가 처음 출판된 연도이다.

드러날 수 있기 때문이다. 읽는 이들이 망설임을 버리고 그 안으로 뛰어 들어갈 때, 판타지는 더 넓고 깊어질 것이다.

전래동화도 판타지인가

신기한 일이 일어나기로는 전래동화만 한 이야기가 또 있을까? 전래동화에는 거인에서 난쟁이에 이르기까지 온갖 기발한 캐릭터들이 등장한다. 그리고 이들은 하늘나라에서 땅속 나라까지 온갖 희한한 곳을 누비고 온갖 사건을 겪는다. 이상한 일이 안 일어나는 게 오히려 이상할 정도이다. 그러나 결론부터 말하자면 전래동화는 판타지에 들어가지 않는다. 전래동화는 그냥 전래동화로서 자기만의 자리를 차지한다.

전래동화가 판타지와 다른 점은 크게 두 가지를 들 수 있다. 첫째, 전래동화는 우리가 사는 이 세계에 맞서는 다른 세계에 대한 생각과 감각을 끌어내지 않는다. 전래동화 안에는 그 두 세계가 자연스럽게 한데 녹아 있다. 이 세상과 저 세상, 현실과 환상, 의식과 무의식이 처음부터 사이좋게 섞여 있는 것이다. 읽는 사람들도 그것을 당연하게 여긴다. 판타지에서는 서로 다른 두 세계가 맞부딪치면서 생기는 낯선 놀라움이 재미를 준다면, 전래동화에서는 모든 세계가 한 차원에서 나란히 어울리면서 생기는 당연한 놀라움이 재미를 준다고 할 수 있다.

둘째, 판타지가 작가의 개인적 작품이라면 전래동화는 오랜 세월 많은 사람의 입을 거쳐 전해 내려온 집단 창작물이다. 따라서 한 개인의 독특한 상상력과 문제보다는 어떤 부족이나 민족의 공통적인 삶의 모습, 인간관계, 꿈과 환상을 보여준다. 더 나아가 온 인류의 보편적인 마음의 움직임을 밝혀준다. 신데렐라와 콩쥐팥쥐처럼 비슷한 전래동화가 지구의 반대쪽에 있는 나라들에서 전해져 왔고 지금도 퍼져가고 있다. 이 사실은 사람의 마음과 머릿속에는 시간과 장소와 인종에 상관없이 서로 통할 수 있는 공통점이 있다는 것을 말해준다.

판타지라는 장르 안에 들어가지는 않지만, 신화와 전설을 포함한 전래동화는 판타지의 뿌리를 이룬다고 할 수 있다. 수많은 사람의 상상력에서 나온 다양한 인물, 배경, 도구, 사건 들은 동화 작가들에게 풍성한 자료실이 되어주었다. 커다란 물고기 배 속에 들어갔다 나와 새사람이 되는 피노키오 이야기를 보자. 이스라엘 민족의 신화인 성경을 조금이라도 아는 사람은 고래에게 먹혔다 살아 나온 예언자 요나를 금세 떠올릴 수 있다. 우리 전래동화에도 금강산 호랑이 배에서 살아 나온 사람 이야기가 있다. 앨리스가 토끼를 따라갔다가 한없이 떨어져 내려간 굴처럼 또 다른 세상이 펼쳐지는 땅속 나라를 전래동화에서 찾기란 그다지 어려운 일이 아니다.

죽은 사람들이 가는 나라, 말하는 동물, 마술사, 사람을 영원히 죽지 않게 하는 물, 엄지손가락만 한 아이, 멋대로 늘었다 줄었다 하는 시간, 소원을 들어주는 반지……. 판타지 동화 하면 곧 떠오르는 이런 초현실적인 요소들은 전래동화 어딘가에서 반드시 찾아볼 수 있다. 판타지 작가들은 금을 캐는 사람처럼 이런 얘깃거리들을 꺼내 와 쪼고 다듬고 이어 붙여서 자기만의 작품을 만들어내는 것이다.

　판타지가 전래동화에서 빌려 올 수 있는 것은 이야기 자료만이 아니다. 전래동화에 들어 있는 삶에 대한 통찰력과 지혜도 판타지를 키우는 중요한 영양분이다. 전래동화에는 왜 늘 극단으로 착한 사람과 못된 사람이 등장해서 싸우기만 하는가 하고 궁금해하는 사람들이 많다. 그것은 전래동화가 사람의 겉과 속과 인생을 긴 눈으로 지켜본 뒤 간단하게 줄여서 요점을 찔러 말하기 때문이다. 그와 더불어 사람의 일생뿐 아니라 역사의 흐름에서 가장 굵은 줄기는 선과 악의 싸움이라는 점을 꿰뚫어 보기 때문이다. 판타지 작가들은 그 점을 받아들여 선과 악 사이의 싸움을 이야기의 기본 뼈대로 삼고, 전래동화의 그 어지러울 정도로 화려한 얘깃거리들을 참고해서 자기 나름대로 살을 붙여 나가는 사람들이다.

　전래동화는 이 세상이, 사람들의 이성으로 모두 설명할 수 있는 곳은 아니라고 말한다. 소박한 윤리·도덕으로 단순하게 살아갈 수 있는 곳도 아니라고 말한다. 설명할 수 없고 받아들이기 힘든 삶도 모두 나름대로 귀한 것이라는 사실을, 논리적으로는 이해하기 어려운 방식으로 들려주는 것이 전래동화이다.

　판타지도 마찬가지이다. 이치를 따지는 어른은 그런 이야기 방식을 아마 못마땅하게 여길 것이다. 그러나 자기가 알아듣지 못할 말도 기꺼이 받아들일 자세가 되어 있는 아이들은 다르다. 그렇게 열린 마음을 한결 키워주는 것이 바로 판타지다.

✢ 판타지 세계의 법칙

 판타지란 현실에서는 있을 수 없는 신기한 일들이 일어나는 이야기이지만, 그렇다고 그 신기한 일들이 제멋대로 일어나는 것은 아니다. 판타지 세계에는 나름대로 법칙과 질서가 있어야 한다. 느닷없는 캐릭터가 아무 때나 불쑥 나타나서 마음 내키는 대로 아무 사건이나 일으키는 이야기가 판타지는 아니라는 것이다. 판타지 작가는 자기가 만든 판타지 세계에 현실의 질서보다 더 엄격한 질서를 세워야 한다.
 사실 우리가 사는 실제 세상에서는 무질서하고 비논리적인 일이 얼마든지 일어날 수 있다. 그런 일을 통해 우리는 이 세상에 질서가 아니라 혼돈이, 필연이 아니라 우연이 지배하는 순간이 있을 수 있다는 것을 깨닫게 된다. 그러나 판타지 세상에서는 문제가 다르다. 판타지 세상에서 일어나는 일은 온전히 작가의 능력과 책임 아

『북풍의 등에서』(조지 맥도널드 지음, 정회성 옮김, 시공주니어)

래 있기 때문이다.

　판타지 세계의 법칙에 관해서 누구보다 먼저, 가장 기본이 되는 말을 한 사람은 영국 최초의 본격 판타지 동화 중 하나인 『북풍의 등에서』(1871)를 쓴 조지 맥도널드이다. '우리가 사는 이 세상에 아무도 거스를 수 없는 기본적인 자연법칙이 있는 것처럼 판타지 세상에도 그 세상을 지배하는 기본 법칙이 있어야 한다.'는 것이었다. 어떤 법칙을 따를지, 어떤 세상을 창조할지는 순전히 작가의 자유지만, 일단 그 법칙이 결정되면 이야기는 끝까지 일관되게 거기에 따라야 한다. 작가라고 해서 자기 마음대로 이야기를 조종할 수는 없다. 프리데인이라는 판타지 세계를 창조한 로이드 알렉산더는 "일단 자기 상상의 왕국을 세우고 나면, 작가는 왕이 아니라 신하가 된다."고 했다.

　맥도널드가 말한 판타지 세계의 질서를 20세기에 들어서 처음으로 작품에 드러냈다고 평가받는 에디스 네스빗을 비롯해 수많은 작가들이 판타지 세계를 세우는 다양한 질서를 보여주었고, 어린이

문학을 연구하는 학자들은 그것을 읽어낸 뒤 어떤 공통점을 찾아낼 수 있었다. 그것은 바로, 합리성과 조화였다. 각각의 부분들이 서로 긴밀하게 연결되고 어울리면서 이야기의 뼈대를 탄탄하게 해주는 합리적이고 일관성 있는 구조는 판타지뿐만 아니라 다른 문학 장르에서도 아주 중요한 요소이다. 판타지가 상상의 산물이라고는 하지만, 그렇다고 해서 불합리하고 모순될수록 독특하고 멋진 판타지가 된다고 생각한다면 잘못이다. 오히려 판타지 작가들에게 더 엄격하게 요구되는 것이 논리와 신빙성이다.

비록 낯설기는 하지만 독자들이 고개를 끄덕일 수 있고, 이전의 경우에 비추어 앞을 내다볼 수 있는 환경을 작가는 만들어주어야 한다. 로이드 알렉산더가 말했듯, 판타지 작가는 자기 작품 안에서는 엄격한 사실주의자가 되어야 하는 것이다. 또한 판타지에서는 인물과 사건들도 모두 이야기의 법칙과 질서에 들어맞는 조화로움을 보여야 한다. 그 합리성과 조화가 판타지 세계를 살아나게 하고 독자가 이야기 안에 빠져들게 하는 힘을 준다.

따라서 어떤 판타지가 좋은 작품인가 아닌가는 얼마나 희한한 캐릭터들이, 얼마나 기묘한 장소에서, 얼마나 말도 안 되는 일을 하는가에 달려 있지 않다. 현실의 조건에서 하나도 벗어나지 않고 다만 시간을 약간 뒤틀어 보임으로써 아주 독특하고 인상 깊은 판타지 세계를 만들어 냈던 필리파 피어스의 『한밤중 톰의 정원에서』(1958)를 떠올려 보자. 이 작품은 희한한 마술사나 요정이 등장하는 판타지보다 훨씬 더 절실하게 독자로 하여금 현실과 이상 사이의 거리감에 대해 깨닫게 했고, 판타지 세계의 엄격한 법칙을 통해 이 현실 세계의 질서를 돌아보게 해주었다. 그리고 결말은, 판타지 세계와 현실 세계의 따뜻하면서도 힘찬 포옹이 아니었는가. 좋은 판타지는 그렇게 상상과 현실, 이상과 실재 사이의 화해와 일치를 꾀한다.

작가가 규칙을 정하고 독자가 따라오며 문제를 푸는, 일종의 창조적인 게임으로 판타지를 보는 시각도 있다. 독자가 납득할 수 있고 예측할 수 있는 기본 규칙을 정해 독자로 하여금 거기에 따르도록 하는 공정한 게임이라는 것이다. 그럴듯한 말이다. 작가는 얼마나 독특하면서도 합리적이고 세밀한 판타지의 법칙을 제시하는가, 독자는 얼마나 영리하게 그 법칙을 파악하고 따라가는가. 판타지의 기본적인 생명력은 거기에 달려 있다.

✢ 판타지 세계는 어디에?

현실 세계와는 다른 질서에 따라 움직이면서 우리에게 세상에 대한 낯설고 새로운 감각을 불러일으킨다는 판타지 세계. 그렇다면 과연 판타지 세계는 구체적으로 어떤 곳일까?

판타지 세계는 우리의 일상 경험을 넘어서는 곳에 있다. 그렇다면 우선 우리의 눈은 저 높은 하늘을 향하게 된다. 공상과학 소설이나 영화에 단골로 나오는 우주의 어떤 행성을 떠올리면서……. 그러나 물리적인 거리가 판타지를 이루는 것은 아니다. C. S. 루이스는 이렇게 말한다.

> 행성은 이 세상의 일부이다. 충분히 멀리 가기만 하면 닿을 수 있는 곳이다. 그러나 진짜 다른 세계(다른 자연, 다른 우주)는 영원히 끝없이 여행하더라도 절대로 닿을 수 없다. 그 세계로 가는 방법

은 오직 마법뿐이다.

그러니까 마법을 써서 가는 세상이 바로 판타지 세계라는 것이다. 여기에 사이언스 픽션science fiction과 판타지의 경계가 있다. 이 우주에 있는 멀고도 먼 별이 무대가 될 때, 우리를 그곳으로 데려가는 방법이나 그 별의 환경이 과학과 물리적 계산과 실현 가능성 위에 서 있다면 사이언스 픽션, 마법적 분위기가 주도적이면 판타지로 나뉘게 된다. 매들렌 렝글의 『시간의 주름』(1962)은 과학과 마법의 분위기가 뒤섞인 채 그 경계선상에 서 있어서 사이언스 픽션 판타지 science fiction fantasy라는 이름을 얻기도 한다.

지하 세계도 판타지의 주요 무대가 된다. 루이스 캐럴의 『이상한 나라의 앨리스』(1865)가 대표적인 경우이다. 토끼를 뒤쫓아 구멍 속으로 빠진 앨리스는 이러다가 지구 반대쪽으로 나오는 게 아닐까 싶을 정도로 하염없이 떨어지고, 마침내 발이 닿은 곳에서 온갖 기묘한 일을 겪게 된다. 신화나 전설에서 땅속은 주로 죽음의 나라를 뜻하지만, 『이상한 나라의 앨리스』는 그곳을 무한한 자유와 가능성의 나라, 자기 자신을 찾아 나서고, 다른 존재들을 발견하고, 그들과 거리낌 없이 어울리는 생명의 나라로 탈바꿈시킨다. 찰스 킹즐리의 『물의 아이들』(1863) 주인공인 톰도 물에 빠져 죽는 것처럼 보이지만 그 물속 나라는 아이가 여러 가지 일을 겪은 뒤 새사람으로 다시 태어나게 하는 2차 세계이다.

그림이나 거울, 장난감 집 들도 재미있는 판타지 세계를 만들 수 있다. P. L. 트래버스의 『메리 포핀스』(1934), C. S. 루이스의 『새벽

거울 속의 방으로 들어가는 앨리스(존 테니얼 그림)

출정호의 항해』(1952)에서는 인물들이 그림 속으로 빨려 들어가고, 루이스 캐럴의 『거울 나라의 앨리스』(1871)에서는 앨리스가 거울 속으로 들어간다. 에디스 네스빗은 「도서관 속의 도시 속의 도서관 속의 도시」라는 단편에서, 제목이 말하듯 끊임없이 들어가고 또 들어가는, 겹겹이 들어 있는 러시아 인형 같은 세계를 보여준다.

판타지 세계가 인간의 환상이 만들어내는 비현실적 세계라고는 하지만, 작가들이 즐겨 창조하는 판타지 무대는 아무래도 현실 세계를 참고하게 된다. 제임스 매튜 베리가 『피터 팬』(1904)에서 만들어 낸 이후 판타지 세계의 대명사로 불리는 네버랜드는 바다 한가운데 있는 섬이다. 당시에는 여전히 미지의 세상으로 알려져 있던 바다, 그 한가운데 있는 무인도라는 무대 장치는 독자를 쉽게 환상적 분위기로 끌어들이는 힘을 발휘했다. 프랭크 바움의 『오즈의 마법사』(1900) 무대는 사막의 오아시스였다. 그러나 교통수단과 통신 시설이 발달해 땅에서건 바다에서건 이 지구상에 알려지지 않은 곳이 없어진 지금, 현실 세계를 닮은 2차 세계는 더 이상 독자들에게 비현실감을 효과적으로 일으킬 수 없게 되었다.

    현대의 판타지는 흥미롭게도, 현실 세계 밖이 아닌 안에서 판타지 세계를 만들어내는 경향을 보인다. 동네에서 늘 만나던 사람들이 알고 보니 악의 사신이라는 사실이 서서히 알려지는 이야기, 마법이 이제는 놀라움과 두려움의 대상이 아니라 모든 사람의 기술처럼 되어 마법 시합까지 벌어지는 이야기 들이 1970년대 이후부터 나오고 있다. 범인을 잡고 보니 경찰서 내부의 동료더라는 설정이 할리우드 범죄 영화의 한 관습이 되어 버린 것처럼, 판타지 세계가 현실 세계 안에 깊숙이 들어온 이야기가 하나의 보편이 된 것이다. 온갖 미디어를 이용해 온갖 가상현실을 체험할 수 있는 요즈음, 판타지의 모습이 이렇게 달라지는 것은 당연한 일인지도 모른다. 이렇게 현실 속으로 파고들어 오는 판타지는, 드라큘라 이야기보다 〈스크림〉(1996)이 더 무서웠듯, 우리를 훨씬 더 팽팽하게 긴장시킬 것 같다.

♠

✢ 판타지 세계로 가는 길

 우리 앞에 갖가지 판타지 세계가 놓여 있다는 것을 알게 되었다. 자, 그러면 그곳으로 한번 떠나 볼까?
 이제는 판타지 세계로 가는 길을 찾을 차례이다. 현실 세계와 초현실 세계가 한 차원에 놓여 있는 전래동화에서는 초현실 세계로 가는 특별한 통로가 따로 필요 없지만 판타지에서는 상황이 다르다. 또 다른 세계로 우리를 안내하는 다양한 통로를 찾아보는 것도 판타지를 들여다보는 재미 중 하나이다.
 한 공간에서 다른 공간으로 이동하려면 일반적으로 두 공간을 구분해주는 벽과 그 벽에 나 있는 문이 가장 먼저 떠오른다. 그렇게 서로 나뉜 두 세계를 연결해주는 문은, 판타지 세계로 가는 길 중에 가장 기본 요소로 평가받는다. 필리파 피어스의 『한밤중 톰의 정원에서』가 대표적인 경우이다. 달빛 쏟아지는 뒤뜰 문을 여니 시간을

『마법 도시』(1910)의 한 장면
(H. R. 밀라 그림)

거슬러 올라간 마법의 세계가 나타난다. 에디스 네스빗의 『마법 도시』(1910)에서는 동생을 구하고 싶었던 소년이 누군가의 조언을 듣고 그저 문을 하나 만들어 세움으로써 판타지 세계로 갈 수 있게 된다. 에리히 캐스트너의 『5월 35일』(1931)에서 콘라트와 삼촌과 말하는 '말'은 복도에 있던 낡은 옷장을 통해 기묘한 세상으로 나간다.

　C. S. 루이스의 『사자와 마녀와 옷장』(1950)에서도 아이들은 옷장 안에서 나니아라는 나라를 발견한다. 그러나 조심할 것! 옷장 문은 늘 조금 열어 놓아야 한다. 꼭 닫아 버렸다가는 그 안에 갇히게 된다. 판타지 세계로 흔쾌히 들어가되 현실 세계로 다시 나오기를 잊지 말라, 즉 현실과 환상 사이의 균형 감각을 잃지 말라는 당부를 루이스는 하고 있는 듯하다.

　죽음과 꿈도 판타지 세계로 가는 중요한 길이 된다. 찰스 킹즐리의 『물의 아이들』, 조지 맥도널드의 『북풍의 등에서』, 아스트리드 린드그렌의 『사자왕 형제의 모험』(1973)에서는 주인공들이 죽음 혹은 죽음 같은 무의식 상태를 통해 다른 세상으로 들어간다. 죽음의 변형으로 볼 수 있는 꿈을 초현실 세계로 가는 통로로 쓰는 기법은 『이상한 나라의 앨리스』를 비롯해 영국의 초기 판타지에서 많이 볼 수 있었다. 그러나 몇몇 뛰어난 작품을 제외하면 이런 기법은 갈등을 손쉽게 풀고 치밀하지 못한 구성을 얼렁뚱땅 넘기는 데나 이바지

『부적 이야기』(1906)의 한 장면(H. R. 밀라 그림)

할 뿐이었다. 톨킨은 그런 장치를 그다지 달가워하지 않았다. 독자가 2차 세계에 대한 믿음을 쌓을 수 있는 길을 방해하고 전체 이야기를 그저 하나의 망상으로 여기게 한다는 것이었다. 그 뒤 학자들도 대체로 꿈 이야기는 적절한 판타지의 범주에서 제외하곤 한다.

우리를 2차 세계로 데려가거나 그 세계에 대해서 설명해주는 인물들도 일종의 통로 노릇을 할 수 있다. 피터 팬, 어린 왕자, 엄지 손가락이 초록색인 티스투 들이 바로 그런 인물들이다. 하지만 꼭 어린아이일 필요는 없다. 메리 포핀스 같은 어른이어도 괜찮고, 매들렌 렝글의 『시간의 주름』에 나오는 '이세뭐야', '누구야', '어느거야' 아줌마처럼 이색적인 캐릭터가 등장할 수도 있다. 낯선 세계, 외계에서 온 이런 인물들은 사이언스 픽션에서도 자주 만나게 되는데, 사이언스 픽션의 외계인들이 공격적이고 위협적인 성향이 강한 데 반해 판타지의 외계인들은 훨씬 우호적이고 친밀하게 그려진다.

원하는 곳으로 데려다주는 반지, 하늘을 나는 양탄자, 몸을 안 보이게 만드는 망토처럼 전래동화나 영웅 전설에 풍성하게 나오는 마술 도구들은 판타지에도 자주 등장한다. C. S. 루이스의 『마법사의 조카』(1955)에는 다른 세계로 드나들게 해주는 반지가 있고, 에디스 네스빗의 『부적 이야기 The Story of the Amulet』(1906)에는 마법의 돌이 나온다.

마술 도구를 가운데 놓고 선과 악의 세력이 부딪치고 싸우는 처절한 전투가 벌어지는 이야기들도 있는데, 그럴 때 마술 도구는 두 세계가 만나는 통로이자 두 세계가 동시에 추구하는 목표이기도 하다. 톨킨의 『반지의 제왕』에 나오는 반지가 그렇고, 수잔 쿠퍼의 『어둠이 떠오른다』(1973)에 나오는 표식 여섯 개가 그렇다. 선과 악이 한곳에 모여 같은 목표를 두고 싸움을 벌인다. 바로 인간 실존의 본질이 아닌가. 판타지는 바로 그런 식으로 우리 자신에 대해 뼈저린 가르침을 준다.

· 한국 번역본이 나오지 않은 책에 한해 원제목을 함께 넣었다.

♧ 판타지 세계에는 누가 사나

판타지 세계에서 독자를 맞아주는 이들은 누구일까. 두 측면에서 살펴볼 수 있는데, 판타지 세계로 우리를 이끌어주는 현실 캐릭터와, 그를 만나 이야기를 전개시키는 환상 캐릭터 들이다. 동물, 요정, 거인, 사물 등 인격을 부여받은 초현실적 캐릭터들은 판타지의 특성이 가장 잘 드러나는 요소 중 하나다.

판타지 세계로 앞장서는 캐릭터는 주로 현실의 아이들이다. 『물의 아이들』의 톰, 『이상한 나라의 앨리스』의 앨리스, 『오즈의 마법사』의 도로시, 『끝없는 이야기』(1979)의 바스티안, 『미오, 나의 미오』(1954)의 미오, 『어둠이 떠오른다』의 윌, 『사자와 마녀와 옷장』의 네 아이 등등. 어떤 아이들은 현실의 어둡고 힘겨운 문제에 의해 판타지 세계로 이끌려 들어간다. 굴뚝 청소부 톰에게는 죽음에 이르도록 열악한 어린이 노동환경이라는 배경이 있고, 미오에게는 학대하는 양부모가 있다. 바스티안은 엄마의 죽음, 아버지의 방치, 학교에서의 집단 괴롭힘이라는 삼중고에 시달린다.

하지만 전쟁 중 피난 간 시골집에서도 옷장 안으로 들어가는 피터 남매들처럼 아이다운 호기심과 유희본능에 이끌리는 경우도 있다. 이상한 나라로 간 앨리스가 그렇고, 심심하기 짝이 없어 자정에도 뒷마당으로 나가보는 한밤중 톰이 그렇다. 그런가 하면 도로시는 그저 회오리바람에 휘말렸을 뿐이다. 웬디는 느닷없이 창문으로 들어온 피터 팬과 팅커 벨에 의해 꿈에도 몰랐던 네버랜드로 날아간다.

현실의 문제도, 호기심이나 놀고 싶은 욕망도 없던 윌은 자신이 어둠의 세력을 물리칠 전사의 운명으로 태어났음을 어느 날 갑자기 알게 되고 엉겁결에 무시무시한 싸움에 휘말린다. 무거운 실존적 문제에서 가벼운 유희본능까지, 우연에서 필연까지, 아이들은 경계 없고 제한 없이 다른 세계로 뛰어든다. 삶의 모든 국면이 아이들을 판타지로 이끌 수 있다.

그렇게 들어간 판타지 세계에서 만나게 되는 캐릭터들은 현실의 인간이 아닌 초현실적 존재들인 경우가 많지만, 이해할 수 없는 미지의 어떤 것은 아니다. 그들은 인간성의 한 단면, 인생의 한 국면, 세상과 우주 운행의 어떤 이치를 상징적, 비유적으로 보여주는 장치이다. 윌이 맞서 싸워야 하는 어둠의 기사들은, 이유는 모르지만 분명히, 끈질기게, 압도적으로 존재하면서 세상을 손아귀에 넣으려는 악을 형상화한다. 피터 팬은 영원히 늙지 않고 싶어 하는 인간의 불멸을 향한 염원뿐 아니라 그를 위해 치러야 하는 치명적인 대가도 함께 보여주는 캐릭터이다. 앨리스가 이상한 나라에서 마주치는 카드의 여왕과 왕, 바다거북과 그리핀, 미친 토끼나 도마뱀 등은 모두 당시 영국 사회의 왕족, 교육계, 법정 등에 대한 풍자로 읽을 수 있다. 책 속 세계에서 바스티안을 맞은 어린 여왕은 환상이란 무엇인지, 어떤 힘을 가졌는지를 알려주면서 사라져가는 환상계를 구해낼 임무를 부여한다. 가히 판타지 세계의 수호 캐릭터라고 할 만하다.

도로시가 만나는 사자, 양철나무꾼, 허수아비 그리고 오즈의 마법사는 아마도 판타지 캐릭터의 상징성을 가장 뚜렷하면서도 생생한 모습으로 살려 놓은 사례일 것이다. 사자와 양철나무꾼과 허수아비는 각자 용기와 마음과 지혜를 찾아 나서지만, 사실은 그런 덕목들이 우리 안에 있음을 보여 준다.

이미 가지고 있는 것을 찾아 그렇게 험한 과정을 거쳐야 할 필요가 있단 말인가. '그렇다!'고 판타지는 말한다. 그것을 찾아 길을 떠나지 않고, 그 많은 난관을 극복하지 않았다면 그들은 자기 안에 있던 용기와 마음과 지혜를 발견하지 못했을 것이다. 여전히 겁에 질린 채 수풀에 엎드려 있거나, 녹슨 상태로 도끼를 치켜든 채, 또는 막대에 붙박여 밭에 서 있었을 것이다. 오즈의 마법사를 찾아가는 도로시를 따라가지 않았더라면. 그러니 도로시가 토네이도에 휘말려 이상한 나라로 들어간 건 우연이 아니라, 사실은 사자와 양철나무꾼과 허수아비의 간절한 바람에서 나온 필연일지도 모른다. 평범한 장돌뱅이였다가 얼떨결에 마법사로 떠받들린 채 올라앉은 옥좌를 속임수로 유지하던 오즈의 마법사는 강아지 토토가 커튼을 물어뜯는 바람에 정체가 탄로 난다. 위기에 처한 것 같지만 그는 오히려 그로 인해 자유를 찾고 자기 자신을 찾아 고향으로 돌아갈 수 있게 된다.

　판타지 세계는 누구든, 무슨 이유로든 들어갈 수 있는 곳, 들어가게 되어 있는 곳이다. 그곳에서 아이들에게 엄정한 세상의 운행 법칙을 알려주고, 자기 자신을 찾게 해주고, 고난과 맞서 싸우는 자세를 갖추게 해주는 것이 바로 판타지 세계의 캐릭터들이다. 심심할 새 없는 재미와, 든든한 지원군이 어딘가에는 반드시 있다는 자신감을 주는 것은 물론이다.

시간이 만드는 판타지

사람의 눈으로 볼 수 있는 것은 이 세상의 극히 일부분이고, 사람의 **힘**으로 할 수 있는 일은 아주 보잘것없다. 물론 우주 먼 곳이나 바닷속까지 볼 수도 있고 갈 수도 있게 하는 온갖 기계들이 나와 있기는 하지만, 그래도 사람은 여전히 좁은 테두리 안에 갇혀 있는 존재이다.

사람의 유한성을 뼈저리게 깨닫게 하는 가장 날카로운 손가락질은 아마도 시간일 것이다. 시간은 사정없이 흘러가고 그와 함께 우리의 일생은 덧없이 스러진다. 그 시간을 붙잡아 사람의 한계를 뛰어넘으려는 노력은 갖가지로 있었다. 악마와 계약을 맺어 청춘으로 되돌아간 파우스트 전설에서부터 불로초를 구하기 위해 안간힘을 썼던 진시황 실화에 이르기까지. 시간을 마음대로 다스린다는, 이 축복 같기도 하고 저주 같기도 한 생각에 한 번쯤 사로잡히지 않은 사람은 없을 것이다. 현실을 뛰어넘어 보이지 않는 것을 보고 이룰 수 없는 것을 이루어 인간 존재의 영역을 넓히고 싶어 했던 판타지 작가들은 더욱더 그랬을 것이다.

　전래동화나 시간 판타지에서 시간이 독특한 작용을 할 수 있는 까닭은, 그것이 단선적이지 않다는 데 있다. 「잠자는 숲속의 공주」에서는 바깥세상의 시간이 백 년을 흐르는 동안 가시 숲으로 둘러싸인 성안의 시간은 멈춰 있다. 우리 전래동화 「구렁덩덩 신선비」에서 구렁이가 태어날 때 구경 왔던 주인집 딸들은, 그 구렁이가 장가가고 과거 보러 갈 만큼 자랄 때까지 여전히 그때 그 상태로 머물러 있는 것처럼 보인다. 나의 시간은 흐르지만 너의 시간은 멈추어 있다, 혹은 그 반대의 경우가 될 수도 있다. 판타지에서 시간은 더 이상 우리를 절대적으로 다스리지 못한다. 시간은 물리의 영역에서 벗어나 심리의 영역으로 들어간다. 에디스 네스빗이 말했듯이 "시간은 우리 생각의 형상물일 뿐"이다.

　매들렌 렝글의 『시간의 주름』은 이런 복선적인 시간 운용의 대표적인 예를 보여 준다. 현실 세계의 시간이 멈추어 있는 동안 메그와 그 일행은 수억 광년이 걸리는 먼 우주의 별에 갔다 올 뿐만 아니라 시간을 '주름잡기'까지 한다. 더 간단한 예를 들자면, 모리스 센닥의 그림책 『괴물들이 사는 나라』(1963)가 있다. 맥스는 "밤낮이 지나고 몇 주가 지나고 일 년이 지나" 괴물 나라에 가서 놀다가 다시 "일 년이 지나고 몇 주가 지나고 밤낮이 지나" 방으로 돌아온다. 그런데 방에는 엄마가 가져다 놓은 저녁밥이 아직도 따뜻하게 맥스를 기다리고 있다.

♠

초기의 시간 판타지는 그 장치나 목적이 비교적 단순하고 교훈적이었다. 아이들 다섯이 과거로 시간 여행을 하는 에디스 네스빗의 『부적 이야기』(1906)는 고대 이집트나 바빌로니아에 대한 정확한 지식을 주려는 의도가 강했다. 그러나 그 이후 시간 판타지들에서는 시간 그 자체에 대한 탐구가 중요해졌다. 앨리슨 어틀리의 『시간 여행자, 비밀의 문을 열다』(1939)에서는 '시간은 존재한다. 시간은 존재했다. 시간은 존재하지 않는다.'처럼 독자의 관심을 시간으로 끌어당기는 대목이 많다. 필리파 피어스의 『한밤중 톰의 정원에서』는 시간에 대한 톰의 숱한 질문, 자문, 나름의 정의로 이루어져 있다. 우리에게는 24시간 외에 더 주어진 시간이 없을까? 시간은 연장될 수 있을까? 시간을 영원과 바꿀 수 있을까? 과거의 시간과 현재의 시간이 하나의 시공간에서 만날 수 있을까?

시간에 대한 또 다른 판타지로 나탈리 배비트의 『트리갭의 샘물』(1975)이 있다. 영원히 죽지도, 늙지도 않는 샘물을 마신 터크 가족. 그 샘물을 마시고 우리처럼 영원히 살자는 권유를 받는 위니. 시간을 손아귀에 움켜쥐면 사람들은 행복해질까? 영원히 사랑하자는 연인들의 맹세에 나오는 것처럼, 영원은 과연 그만한 아름다움과 가치를 지닌 것일까? 시간 판타지는 그런 식으로 우리 존재의 한계, 그 수락과 극복에 관해 진지하고도 도전적인 질문을 던진다.

♠ 동물과 판타지

강아지가 말을 하고, 오소리가 양복을 빼입은 채 두 발로 걸어 다니고, 고양이가 우아한 티 파티를 열고, 심지어는 들쥐들이 도서관과 발전소를 갖춘 지하 도시를 건설해 놓고 유전자 조작 실험까지 한다! 이런 식으로 동물을 그리면 세상에 있을 수 없는 희한한 일을 만들기가 아주 쉽다. 그래서 판타지를 쓰고 싶은 동화 작가들은 우선 동물을 끌어들인다.

그러나 동물들을 걷고 말하게 한다고 해서 그 이야기가 무조건 판타지가 되는 것은 아니다. 이솝이나 퐁텐느의 우화는 동물의 모습을 통해서 인간의 참모습을 보여주고, 인간에 대한 풍자적·도덕적인 교훈을 주려는 이야기이다. 그런 식으로 표면에 나타나는 캐릭터나 사건보다 그 뒤에 숨겨진 의미에 노골적으로 무게가 실리는 이야기는 판타지가 아니라 알레고리로 분류된다. 동물 판타지를 쓰고 싶다면 그 점을 가장 주의해야 한다. 내가 그리는 동물이 개성 있는 제 모습을 가지고 살아 있는가, 아니면 인간 중심적 메시지의 도구인가 하는 점을.

판타지가 될 수 있는 동물 이야기의 뿌리는 아무래도 전래동화에서 찾을 수 있을 것이다. 사람으로 변하는 동물 혹은 동물로 변하는 사람, 홀연히 나타나 마법으로 도움을 주는 동물, 사람에게 치명적인 위협을 주는 동물, 친구가 되어 험한 고난의 길을 함께 가는 동물……. 전래동화의 동물들은 그저 사람의 그림자 노릇만 하는 것이 아니라 당당한 주인공으로 마음껏 개성을 드러내며 자기 구실을 다한다. 가난한 방앗간 집 막내아들을 공주와 결혼시키는 장화 신은 고양이, 마법을 풀기 위해 끈질기게 공주를 쫓아다니는 개구리, 빨간 모자를 잡아먹는 늑대, 수탉을 타고 세상으로 모험을 떠나는 고슴도치, 왕자를 도와 과제를 풀어 주는 두꺼비…….

그들은 동물성과 인간성이 뒤섞인 모습으로 다른 동물 혹은 사람들과 함께 다채롭고 재미있는 사건을 만들어내면서, 동물과 사람이 한데 어울리는 놀라운 세계를 보여준다. 그러면서 신화적으로든 진화적으로든, 동물과 사람은 결국 한 공동체 안에 들어 있는, 떼려야 뗄 수 없는 사이라는 것을 알려준다.

그런 조상을 둔 현대 판타지의 동물들이 좀 더 다양한 모습으로 발전하며, 이야기 안에서는 동물 고유의 생태와 특성이 중요해졌다. 인간적인 생각과 감정 외에 자기 자신의 생물학적인 본성을 그대로 지니고 있는 동물을 그린 첫 번째 작가는 아마 한스 크리스티안 안데르센일 것이다. 「미운 오리 새끼」(1844)에서는 오리뿐 아니라 다른 동물들의 자연 그대로의 생김새와 행동이 꼼꼼하게 묘사된다. 그러면서 열등감과 우월감, 따돌림과 소외감 같은 정서들이 지극히 인간적으로 울려 나온다. 미운 오리 새끼는 백조가 되지만, 마법으로 백조가 되는 것은 아니다. 마법은 자연 그 자체이다. 우리에게는 다만 그 마법 같은 자연을 알아보는 눈이 필요할 뿐이라고 안데르센 동화는 말하는 듯하다.

휴 로프팅의 『둘리틀 박사 이야기』(1920)에 나오는 동물들은 사람 말을 하지 않아도 된다. 동물 언어를 듣고 말할 수 있는 동물 의사와 함께 자기들의 말로 이야기를 나눌 수 있기 때문이다. 그런 설정은 동물을 내려다보기만 하던 사람들의 눈길을 들어 올려, 그야말로 눈높이에서 동물을 볼 수 있게 해준다. 리처드 애덤스의 대작 『워터십 다운』(1972)은 살던 곳이 도시 개발로 파괴될 지경에 놓이자 터전을 옮기는 토끼들의 모험 이야기이다. 이 토끼들은 아주 수준 높은

『둘리틀 박사 이야기』(1920)의 한 장면

말을 서로 주고받지만, 정작 이 작품을 유명하게 한 것은 토끼의 생물학적 습성에서 크게 벗어나지 않는 여러 가지 행동을 놀라울 정도로 치밀하고 꼼꼼하게 그려낸 묘사력이다.

제 본성을 찾고 사람의 눈높이로 올라온 동물들은 이제 사람을 넘어서기 시작한다. E. B. 화이트의 『샬롯의 거미줄』(1952)에서 자기가 뽑아내는 거미줄로 글을 써서 곧 죽게 된 돼지를 살려내는 거미는, 거미의 본성과 함께 귀한 희생과 우정의 정신을 보여 준다. 이 얼마나 사람보다 나은 모습인가. 로버트 C. 오브라이언은 『프리스비 부인과 니임의 쥐들』(1971)에서 니임이라는 실험실에 갇혀 지능 발달 실험을 받다가 탈출해 나온 들쥐 떼들이 과학자들의 추적을 따돌리고 이상적인 공동체를 건설하는 과정을 감동적으로 그려낸다.

꼭 판타지가 아니더라도 동물들이 자연에서 거침없이 야생의 삶을 누리거나, 사람과 다정하게 살아가는 모습을 진솔하게 그린 이야기는 감동을 준다. 우리가 다시 자연과 하나가 되는, 그 영원한 고향 같은 세계로 들어가는 신비하고도 포근한 느낌을 일깨워주기 때문이다. 동물 판타지는 특히, 자기 종족과 생김새나 쓰는 말이 다르다고 해서 다른 존재를 함부로 다루지 말 것을 힘주어 말한다. 안데르센이 말했듯이, 동물이나 새, 심지어 장난감이라 해도 우리처럼 아픔을 느끼지 못하리라고 누가 장담할 수 있겠는가.

✢ 판타지의 기능

"아이들은 많은 환상을 지니고 있다. 아이들을 위해서 글을 쓰는 사람들은 환상을 쓸 권리뿐만 아니라 의무도 있다."라고 한 제임스 크뤼스의 말은, 아이들의 문학에서 환상의 필요성을 역설하는 선언이다. 환상과 현실 사이의 경계가 모호한 유아기에서부터 현실에서의 갈등을 환상의 힘으로 풀어내는 청소년기에 이르기까지, 환상은 현실과 마찬가지로 아이들을 성장시키고 단련시키는 힘이 된다. 갈등을 해소하는 환상의 힘은 프로이트 이후 수많은 심리학자, 발달 이론가들의 주요 관심 대상이 되어 왔으며, 이러한 환상을 자유롭고도 적절하게 쓸 수 있도록 자극하는 문학 또한 그 관심의 영역에 놓여 있다.

아이들이 환상의 힘을 통해 심리적 갈등을 해결한다는 것은 이미 공인된 명제이다. 갈등을 겪는 아이는 환상 세계로 들어가서, 현실 속의 자기에게는 없는 힘을 얻어 나온다. 이야기에 흔히 나오는 상상의 동반자는 아이들 마음 깊은 곳에 있는 무의식의 충동을 의미하며, 그것은 의식 안에 떠오르지 않으면서 오직 환상을 통해서만 조절할 수 있다. 환상은 무의식 아래쪽에 있는 깊은 심리를 조절하는 기능을 하는 것이다. 그 환상을 통해서 아이들은 자신도 모르는 사이에 자기 인식 과정을 거치게 되고, 가족, 사회 같은 상호 관계 안에서 자신의 자리를 찾아가는 능력을 갖게 된다.

환상은 아이들의 은밀한, 혹은 노골적인 소원을 현실화시킨다. 현실 생활에서는 억눌려 있는 욕구가 문학 속의 인물을 통해 실현되는 장면을 보면서 아이들은 기쁨과 카타르시스를 느낀다. 학자들은 그것을 보상적 기능이라고 말한다. 아스트리드 린드그렌의 『내 이름은 삐삐 롱스타킹』(1945)이 대표적인 예다. 방자하고 버릇없고 말도 안 되는 인물을 아이들에게 보여준다며 비난이 쏟아지기도 했으나 지금은 세계에서 가장 평가받는 판타지의 고전 중 하나가 됐다. 부모의 간섭 없이 혼자 살면서, 학교에도 가지 않고, 어른 두셋은 거뜬히 이길 수 있는 그런 엄청난 힘이 있고, 아무리 써도 없어지지 않는 금화 가방을 가지고 있고, 말만으로도 어른들을 꼼짝 못 하게 하는 이 주근깨투성이의 볼품없는 여자아이가 보여준 파격은, 어른에게 억눌린 아이들뿐 아니라 온갖 사회 관습과 제도에 얽매여 있는 어른들에게도 일상 탈출과 자유의 꿈을 안겨준다.

판타지의 교훈적 기능을 대표적으로 보여주는 작품은 카를로 콜로디의 『피노키오』(1881)다. 이 작품은 생명을 얻은 나무 인형의 버릇없고, 반사회적인 행동이 얼마나 나쁜 결과를 가져오는지를 노

『닐스의 이상한 여행』(1907)의 한 장면 (해럴드 히트 폴리 그림)

골적으로 보여주면서 결국 착하고, 순종적이고, 부지런한 아이만이 '진짜 사람'이 될 수 있다는 교훈을 드러낸다. 작품 안 인물과의 동일화 현상을 쉽게 일으키는 나이 어린 독자들을 위한 책일수록 이런 교훈적 기능의 유혹을 떨쳐 버리지 못하는 경우가 많다. 이민 온 친구의 향수를 이해하지 못하는 여자아이가 당근처럼 생긴 요정을 따라 낯선 나라로 가서 온갖 어려움을 겪은 뒤 친구를 이해하게 된다든가, 개미를 괴롭히던 남자아이가 개미로 변해 고난의 삶을 산다는, 그런 노골적인 교훈 이야기를 찾아보기는 그리 어렵지 않다. 토도로프는 이렇게 "두 가지 의미가 작품에 명백히 드러나는 이야기"를 알레고리로 분류하면서 판타지 영역 밖으로 밀어내 놓는다. 그러나 셀마 라겔뢰프가 스웨덴의 지리, 생물, 역사, 민속에 대해서 아이들에게 효과적으로 전달할 수 있는 이야기를 써 달라는 부탁을 받고 내놓은 작품인 『닐스의 이상한 여행』(1906~1907)이라든가, 왕권과 지배권에 대한 순종이나 평화에 대한 바람 같은 주제를 담고 있는 『꿀벌 마야의 모험』(1912) 같은 이야기들은, 명백히 교훈적이기는 하지만 알레고리가 아니라 '환상적 사전事典'으로 분류될 만큼 판타지로서의 특성을 갖추고 있다.

판타지의 또 다른 기능으로, 해방적 기능을 들 수 있다. 심리적, 물리적 압박감에 시달리는 아이들은 환상을 통해 그 고통에서 벗어날 수 있는 힘을 얻는다. 어린아이일수록 그 압박감은 식구 안에서 생기는 경우가 많지만 엄마나 아빠를 적으로 보고 투쟁한다는 것은 깊은 죄의식을 동반하는 일이다. 때문에 아이들은 무의식적으로 그들과의 싸움을 정당화시킬 수 있는 명분을 찾고, 그것을 환상적인 존재에 투영시킨다. 전래동화에 자주 등장하는 계모, 마녀, 늑대, 고약한 난쟁이 들이 사실은 엄마나 아빠의 부정적인 면을 상징한다는 점은 발달심리학자들이 자주 지적하는 부분이다.

크리스티네 뇌스틀링거의 『오이대왕』(1972)에서도 식구들은 모두 힘을 합해 독재적이고, 이기적이고, 부도덕한 아빠에 맞서 싸운다. 아빠는 원래 그런 사람이 아니었지만, 지하실 밑 오이 나라에서 쫓겨난 독재자 오이대왕의 꼬임에 넘어가 변해 버린 것이다. 오이대왕은 아빠가 식구들에게 저 아빠로서의 권위와 힘을 잃자, 말하자면 더 이상 억압적인 존재가 되지 못하자, 이야기 밖으로 사라져 버린다.

상징적 기능을 하는 판타지로는 미하엘 엔데의 『모모』(1973)를 들 수 있다. 모호하고 몽롱한 배경과 인물들이 이끌어 가는 이 이야기는 인간이 짧은 인생에서 시간을 얼마나 유용하게 쓸 수 있는가, 어떻게 쓰는 것이 쓸모 있게 쓰는 길인가를 상징하고 있다.

물론 모든 판타지의 기능을 이렇게 딱 잘라 한 가지로 분류할 수는 없다. 『내 이름은 삐삐 롱스타킹』 같은 동화에서는 보상적 기능 외에 해방적 기능도 찾아볼 수 있고, 『오이대왕』은 해방적 기능과 더불어 교훈적 기능도 있다. 어떤 작품이 한 가지 기능을 지나치게 의식하고 거기에 집착하면, 그것은 이미 판타지로서의 자연스러운 세계 창조에 실패한 셈이다. 더구나 교훈성을 강조하는 판타지에는 순기능보다는 역기능적인 측면이 더 많다. 환상 가득한 전래동화의 심리적 효과를 늘 주장했던 브루노 베텔하임은 "전래동화가 예술작품이 아니었다면 아이들에게 그런 심리적 공헌을 할 수 없었을 것"이라고 한다. 전래동화뿐 아니라 모든 창작 동화에도 해당되는 말일 것이다.

⁑ 선과 악 그리고 판타지

대부분의 판타지에서 가장 핵심이 되는 문제가 무엇인가 하는 질문에는 비교적 쉽게 대답이 나올 수 있다. 그것은 바로 선과 악의 투쟁이다. 판타지의 뿌리라고 할 수 있는 전래동화에서는 그 특징이 아주 두드러진다. 선 그 자체인 인물과 악으로 똘똘 뭉친 인물이 세상의 주인공 자리를 놓고, 자신의 모든 것을 걸고 싸움을 벌이는 이야기를 만나기란 그리 어렵지 않다. 그러나 칼로 자르듯 뚜렷하게 구분되는 이 두 유형의 인물이 사실은 한 인간 안에 함께 들어 있는 선과 악의 표상이라는 해석은 이미 널리 받아들여지고 있다.

그런데 왜 이야기에서는 선과 악이 그렇게 단호하게 나뉘는 걸까. 그 두 가지가 내 안에 그렇게 극단으로, 그렇게 격렬하게 싸우며 뭉쳐져 있다는 사실을 깨닫기가 어렵기 때문이다. 대체로 사람들은 자기 안의 악을 인정하고 싶어 하지 않고, 그것과 마주하려 들지도

안데르센의 「그림자」(빌헬름 페데르센 그림)

않는다. 그들에게 악은 바깥의 것, 낯선 것, 나와 다른 것, 막연하고 두려운 어떤 것이다. 판타지는 악을 분리해 형상화함으로써 사람들의 불안감을 다독거리면서, 그래도 선과 악이 함께 이 우주를 이루고, 이 지상에서 인간의 삶을 지배하며, 인간 자체를 지탱하고 있는 원리라는 것을 보여주고 있다.

이 원리를 가장 매혹적이면서 잔혹한 이야기로 들려준 작가를 한 명 들자면, 아마 안데르센일 것이다. 「그림자」에서 안데르센은 주인의 몸을 떠난 그림자가 버젓하게 사람 행세를 하고, 주인을 오히려 자기 그림자로 취급하다가 죽음으로 내모는 상황을 그려낸다. 또 다른 그림자의 대가인 어슐러 르 귄은 이 그림자를 "주인공이 실현하지 못한 이기주의, 허락되지 않은 욕망, 한 번도 입에 담지 않았던 욕설, 범할 수 없는 살인"이라고 해석한다. 즉 자기 자신의 부정적이고 악한 일면인 것이다. 안데르센도, 르 귄도, 이 어두운 그림자가 우리의 일부라는 것을 부정해서는 안 된다고 힘주어 말한다. 자기 안의 가증스러운 면모를 인정할 때에만 참된 자기 발견을 이룰 수 있다는 것이다. 공동체 의식도, 역사의식도, 자기 성장과 발전도 이런 자기 발견을 바탕으로 해야 한다. 자기 그림자를 떠나보낸 안데르센의 학자는 비참한 최후를 맞지만, 그림자를 끌어안은 르 귄의 게드는 새로운 생명을 얻지 않는가.

볼프강 홀바인은 『메르헨몬트 Märchenmond』(1983)라는 작품을 통해, 한 사람 안에서 선과 악이 어떻게 공존하며 대립하는지를 누구보다 선명하게 보여 준다. 메르헨몬트라는 나라를 차지하려는 피투성이 싸움터에서, 선한 전사인 킴이 악의 대장인 검은 대왕과 싸우는 장면이 그것이다. 투구가 벗겨져 드러난 검은 대왕의 얼굴은 바로 킴 자신의 얼굴이다. 킴은 자기가 "일생 동안 머릿속에 담았던 악한 생각과 나쁜 품성의 핵심, 그의 부정적인 표상"을 보고 전율한다. 홀바인은 선과 악이 그렇게 하나의 전체를 이루고 있을 뿐 아니라 "하나를 없애면 다른 하나도 필히 멸망한다."고 말한다.

그러나 우리 안에 필연적으로 악이 존재한다는 사실에 절망할 필요는 없다. 그 어두운 그림자는 이성이 갈 수 없는 마음 깊은 곳으로 우리를 안내해주고, 판타지 세계 특유의 윤리적 빛을 던져주는 길잡이 노릇을 하기 때문이다. C. S. 루이스가 말했듯, 내 안에 악이 있다고 생각하는 것 자체가 악을 구별해내고 바로잡으려는 선한 의지의 작용이기 때문이다. 판타지는 이 과정에서 이성의 영역 바깥에 있는 깊고 독특한 힘을 발휘할 수 있다. 자기의 그림자를 들여다보면서, 그것을 조절하고 극복해서 더 강하고, 통찰력 있고, 열려 있는 사람으로 자라게 하는 힘 말이다. 르 귄이 인용했던 셸리의 말을 옮기자면, "도덕적인 선을 이룩하기 위한 위대한 수단은 상상력"인 것이다.

‡ 판타지의 힘

『괴물들이 사는 나라』의 주인공 아이 맥스는 상상의 세계로 여행을 떠나 흉악하게 생긴 괴물들을 호령하며, 야단법석 놀이를 하면서, 현실의 세계에서 생기는 불만과 분노를 시원하게 풀어 버리고 온다. 이 신나는 그림책을 만든 모리스 센닥은 칼데콧 상을 받는 자리에서 "인생에 대한 진실함—환상의 fantasy 인생과 실제의 real 인생 양쪽 모두에 대한 진실함—은 모든 위대한 예술의 기본이다."라고 말했다. 센닥은 그런 믿음 위에서 아이들이 가지고 있는 환상의 인생에도 실제 인생과 같은 비중으로 빛을 비추고, 언어 텍스트와 그림 텍스트의 완벽한 조화로 환상과 실제의 어울림을 그려 냈다. 그리하여 『괴물들이 사는 나라』는 "아이들이 자기 자신 안에 강력한 powerful 감정을 가지고 있음을 깨닫게 한 미국 최초의 책"으로 평가받고 있다. 이때, 강력한 감정이란 자신을 난폭한 괴물로 만들 수 있는 감정과 그 괴물을 제압하고 다스릴 수 있는 감정 모두를 말한다. 환상을 통해 그런 감정들을 확인한 뒤 아이들은 책 속의 맥스처럼 누가 자신을 진정으로 사랑하는지 깨닫게 되고, 따뜻한 엄마의 품으로 돌아올 수 있게 된다. 아이들에게 쓸데없는 공포감을 심어준다든가, 엄마를 잡아먹어 버리겠다고 위협하는 아이를 내세워 나쁜 본보기를 보여준다는 등의 부정적 반응은 판타지의 그런 깊은 힘을 미처 돌아보지 못하는 데서 나오는 말이 아닐까.

 판타지 연구자들이 한결같이 힘주어 말하는 바가 바로 그것이다. 현실과 동떨어지고, 심지어는 현실에서 도피하는 듯이 보이는 판타지가 사실은 이 세계와 인간에게 더욱 가까이 다가가고 그 올바른 가치를 평가할 수 있게 하는 장치라는 것이다. 『내부의 세계 The World Within』(1988)라는 판타지 연구서를 쓴 쉴라 A. 이고프는 판타지가 우리를 이끌어, 모든 것이 조화를 이루며 하나가 되어 있던 원초적 세계의 진실로 데려간다고 말한다. 자연과 초자연, 인간과 신, 공허와 충만, 소멸과 영원……. 우주를 이루는 이런 요소들은 언제부터인가 파편이 되고 거부당하고 있지만, 우리 삶의 기본 조건이라는 점에서 끊임없이 되돌아가서 들여다보아야 할 면들이다. '현실'과 '합리'라는 명목 아래 당장 눈앞에 보이는 단편적 조건에만 집착할 때, 우리는 더 진실하게, 세상과 우리 자신을 총체로 파악할 수 있는 통찰력을 잃어버리게 될 것이다.

 우주의 원초적 조건, 삶의 총체성, 통찰력……. 그렇다면 이렇게 거창하게 설명되는 판타지가 아이들에게도 그런 의미를 주고 그런 힘을 발휘할 수 있을까? 판타지 연구자들이나 작가들이 힘주어 말

마법사의 성에 들어가는 장면(아서 래컴 그림)

하는 바는, 역시 '그렇다!'이다. 어슐러 르 귄은 "천박하고 편협한 외관뿐인 진실이나 틀에 박힌 도덕관으로 가득 차 있지" 않은 아이들은 판타지의 의미를 어른과 마찬가지로 완벽하게, 그리고 확실하게 이해한다고 말한다. 이고프는 "판타지와 아이들 사이에는 본능적인 연결 고리가 있다."라고 주장한다. 아이들을 위한 문학 장르가 생겨나기 전, 어른들의 문학 가운데서 아이들이 가장 확실하게 자기들 영역으로 끌고 들어온 것이 바로 판타지의 뿌리가 되는 민담, 신화, 전설이지 않았는가.

판타지 작가들의 가장 중요한 특성도 바로 아이 같은 자질이다. 그들은 이야기를 좋아하고, 호기심이 많고, 필요 이상의 금지나 금기에 주눅 들지 않고, 신기한 일을 그냥 지나치지 않고, 어떤 사물이나 사건의 한가운데를 향해 솔직하고도 용감하게 돌진해 간다. 텔레비전 속의 작은 사람들을 꺼내기 위해 돌멩이를 집어 와 브라운관을 깨뜨리는 아이들처럼.

인류의 물질적, 정신적 역사를 이끌어 온 위대한 사람들은 모두 이런 아이다운 특성을 어른이 되어서도 잃지 않은 사람들이다. 인류 역사상 가장 위대한 과학자라고 하는 아인슈타인은 이렇게 말한다.

우리가 경험할 수 있는 일 가운데 가장 굉장한 일은, 신비이다. 그것은 과학의 요람 곁에 서 있는 기본적인 감정이다. 신비를 모르는 사람, 더는 이상하게 여기지 않는 사람, 놀라움과 경이로움을 느끼지 않는 사람, 그들은 죽은 사람과 다름없다.

♠

판타지를 쓰는 사람들

지금은 많이 달라졌지만, 판타지는 오해와 비난 속에서 힘난한 길을 걸어왔다. 유치하고 가벼운 시간 때우기용 읽을거리에 지나지 않는다, 아이들 머릿속에 쓸데없는 걱정이나 헛된 꿈을 심어준다, 현실을 바로 보고 제대로 살아 나가도록 준비하게 해주는 게 아니라 공상 속으로 도망치게 한다……. 이런 것들이 판타지가 그동안 받아 왔던 공격이다. 비현실적인 이야기는 반드시 그게 꿈이었던 것으로 처리해서 아이들이 현실에 발붙일 수 있도록 하라는 창작 지침이 돌아다녔던 것도 그리 오래전의 일은 아니다. 그런 힘겨운 환경 속에서도 어떤 작가들은 꿋꿋이 판타지를 지켜 왔다.

왜 동화를 쓰느냐는 질문에 C. S. 루이스는 "내가 말해야 하는 것을 제대로 말하게 해주는 가장 적합한 예술 양식이 동화이기 때문"이라고 대답한 적이 있다. 루이스가 쓴 동화라는 것이 모두 판타지이기 때문에, 동화의 자리에 판타지를 대신 집어넣어도 의미가 달라지지 않을 것이다. 판타지를 쓰는 작가들은, 판타지라는 예술 양식이 아니면 불러낼 수 없는 세계가 따로 있다는 것을 알고, 그 세계를 우리 앞에 살려 내놓기 위해 애쓰는 사람들이다.

 알란 가너는 『엘리도어Elidor』(1965)나 『부엉이 쟁반The Owl Service』(1967) 등을 통해 신화나 전설의 이야깃거리와 현대의 우리 생활이 뒤섞인 독특한 분위기의 판타지를 쓰는 작가이다. 그는 판타지 쓰는 이유를 자못 겸손하게 "판타지나 신화를 쓰는 게 아니라면 글 솜씨가 형편없기 때문"이라고 밝힌다. 그러나 그는 판타지가 단순히 흥밋거리만은 아님을 힘주어 말한다. 판타지는 신화처럼, 사람이 실생활에서 겪는 경험과 머릿속에 그리는 모든 생각을 수정같이 단단하면서도 투명하게 담고 있다는 것이다.

 판타지의 주인공이 자신을 얼마나 수정처럼 아름답게 단련시킬 수 있는지를 그야말로 환상적으로 그려내는 작가가 어슐러 르 귄이다. 유명한 어스시 3부작으로 발전한 『어스시의 마법사』(1967)에서 그는 혹독한 마법사 수업을 받는 게드라는 주인공을 내세운다. 게드는 친구와 자존심을 건 마법 대결을 벌이다 금지된 마법인 죽은 사람 불러내기를 해 버리고, 그 결과 그림자에게 땅끝까지 쫓기게 된다. 문제 해결의 열쇠는 그 그림자의 이름 알아내기. 게드는 결국 다가오는 그림자를 향해 자기 자신의 이름을 외치고, 그것과 한몸이 된다. 이긴 것도 아니고 진 것도 아닌 싸움을 통해 게드는 이 세상과 인간 안에는 삶과 죽음, 선과 악, 빛과 어둠이 뒤섞여 있으며, 우리는 그것을 고통스럽지만 엄숙한 책임감과 함께 받아들여야 한다는 것을 보여준다.

그 모든 것을 깨달아 가는 게드의 모습은 숙연할 정도로 아름답다. 세상이란 어떤 곳인가, 우리는 어떻게 살아가야 하는가를 그렇게 놀라운 방식으로, 충격적으로, 똑똑히 보여 주는 작품을 쓰는 작가가 정말 감탄스럽고 존경스럽다.

어슐러 르 귄은 판타지를 통해서 진실을 밝히고 싶어 한다. 그는 "진실은 상상의 문제이다. 사실은 바깥쪽에 관한 것이고, 진실은 안쪽에 관한 것이다."라고 말한다. 안쪽은 어둡고, 먼지투성이이고, 어떤 징그러운 괴물이 살고 있을지 모르는 곳이다. 그러나 진실은 그 안쪽에 있다. 우리에게 '안'이 있는 한, 우리는 그 안을 들여다보며 진실을 밝혀야 할 의무가 있다. 그리고 안을 들여다볼 수 있는 유일한 방법인 상상력을 발전시킬 책임이 있다. 그런 상상력이 있으면 우리는 바깥쪽과 안쪽을 모두 보는 통찰력을 가질 수 있고, 그 두 세계를 균형 있게 꾸려 나갈 힘을 얻을 수 있다.

그렇게 판타지를 통해 균형 있고 건강한 세계를 그리고 싶어 했던 작가가 미하엘 엔데이다. 『끝없는 이야기』에서는, 안에서 밖을 보고 밖에서 안을 보는 눈이 서로 맞서기도 하고 돕기도 하면서 맞물려 돌아간다. 뭔가를 끊임없이 얻기도 하고 잃기도 하면서 책 속과 책 밖에서 혼란을 겪는 주인공 바스티안. 현실을 거부하고 책 속의 환상계로 빠져 들어갔던 그가 얻은 것은 세계의 본질에 대한 깨달음과 현실을 받아들이는 힘이었다. 죽음 없이는 삶이 완성될 수 없는 것처럼, 환상 없이는 현실도 완성될 수 없다. 판타지 작가들은 그것을 알고, 자신의 환상을 통해 이 세상의 한 조각을 붙여 나가려는 사람들이다.

2
서구 판타지 세계

⸸ 판타지의 뿌리
독일 판타지

낭만주의와 판타지

독일의 판타지, 아니 그 이전에 판타지 자체를 이야기하자면 독일 낭만주의를 짚고 넘어가지 않을 수 없다. 독일 문학의 본질을 거론할 때 으레 지적되는 것이 낭만주의고, 낭만주의의 기본정신으로 손꼽히는 것이 환상적 성격 Phantastik이기 때문이다.

우리는 흔히 낭만적이라는 말을 감정적, 비합리적, 비현실적이라는 개념과 동일시한다. 물론 낭만성에 그런 요소가 없는 것은 아니지만, 그것이 전부는 아니다. 독일의 정신사적, 문학 역사적 측면에서 낭만성은 더 풍부하게 해석될 수 있다. 정신사적 측면에서는 신비적 성향이 떠오른다. 독일 구비문학인 『니벨룽겐의 노래』에는 마술 외투와 마술 검을 이용한 영웅들의 투쟁 같은 마법적 요소가, 횔덜

『파우스트』의 한 장면(D. G. 로세티 그림)

린의 『히페리온』에는 고대 그리스 신들의 조화로운 세계에 대한 동경이, 노발리스의 『푸른 꽃』에는 이 지상에 없는 푸른 꽃을 찾아 헤매다 결국 시詩 즉 문학 자체에서 답을 찾는 구도자가 등장한다. 니체는 『차라투스트라는 이렇게 말했다』에서 신의 영역을 넘보는 초인을 그렸고, 독일의 대표 문학작품으로 꼽히는 괴테의 『파우스트』 (1790~1831)도 악마와의 계약, 변신, 신화 속 인물과의 공존 등이 주요 모티프이다. 이처럼 초현실적이고 마법적인 인물과 도구들, 이 지상에 없는 것에 대한 동경, 조화로움과 완벽함과 구원 같은 추상적 가치의 탐구 들이 독일 낭만성의 바탕을 이루는 요소로 설명된다.

문학 역사적으로 낭만주의는 그 이전 시대의 문예 사조인 계몽주의가 갖고 있던 합리주의와 현실주의에 맞선 운동으로 이해된다. 하지만 혁명이라고 부르는가 하면 혁명을 거부하는 운동이라는 해석, 기독교 정신의 산물이라는가 하면 신과 종교의 몰락을 보여준다는 등 모순된 견해들이 나오기도 한다. 이런 모순의 대립과 공존 자체가 낭만주의의 성격을 그대로 드러내는 특성일 것이다. 확실한 사실은, 낭만주의가 인간의 이성에 기초해 세계를 절대적이고 객관적인 것으로 못 박고 그런 이데올로기를 심화·확대시키는 일에는 동의하지 않는다는 점이다.

낭만주의의 본질적 요소인 환상성은, 칸트나 셸링 같은 철학자들에 의해 의미를 부여받는다. 세계의 실체는 불가사의함에 기초하고 있다는 설명, 자연 내재적인 영혼과 직관의 순수성을 강조하는 시각 등이 환상성을 밝힌다. 그리하여 낭만주의의 본질에는 자연 신비감, 이에 바탕을 둔 전설과 옛이야기가 깊이 작용하고 있음이 밝혀진다. 또한 낭만주의는 문학의 독자성과 자율성을 강조하는데, '자기 파괴'와 '자기 창조'라는 방법을 통해 기존에 있던 세계 해석을 거부하고 끊임없이 새로운 해석을 내리며 새롭게 발견하자는 주장을 펼친다. 이 세계에 대한 자신만의 새로운 해석과 발견, 그 자체가 바로 문학의 본령이라고 낭만주의는 선언한다. 현대의 문학 이론이 당연하게 받아들이는 '문학=창조'라는 인식은 낭만주의에 와서야 비로소 성립된 것이다.

대립하면서 공존하는 모순, 합리적이고 현실적인 것에 맞서는 신비에 대한 감각, 세계를 새롭게 발견하고 해석하는 창조성을 나타내기 위해서는 새로운 언어와 모티프가 필요했다. 기이하고 기적적인 일이 일상으로 일어나는 폴크스메르헨Volks-märchen은 낭만주의 작가들에게 큰 영감을 주었는데, 그림 형제가 수집한 메르헨 모음집

『호두까기 인형』 미국판(1853)에 삽입된 그림

은 강력한 기폭제가 되었다. 괴테, 노발리스, E. T. A. 호프만 등이 옛이야기의 모티프를 토대로 개인적인 환상과 자의식을 펼쳐가는 쿤스트메르헨Kunst- märchen⁺을 발전시켰고, 이 메르헨들은 동화, 환상문학, 판타지 등의 장르로 전개된다.⁺

메르헨이 동화의 토대가 된 데에는 안데르센˙의 가교 역할이 가장 클 것이다. 독일 낭만주의에서 자신이 말하고 싶은 바를 자신의 방식으로 펼치는 길을 발견한 안데르센은 폴크스메르헨을 다시 쓰기 시작해서 환상 가득한 이야기를 내놓았고, 그것이 어린이를 위한 동화로서 대중들에게 열렬히 받아들여졌으며, 이후 서구 동화 작품에 하나의 지표가 되었다. 안데르센이 낭만주의 문학 중에서도 가장 큰 영향을 받았다고 고백하는 E. T. A. 호프만의 쿤스트메르헨인 『호두까기 인형』(1816)은 어린이문학에 기이하고 환상적인 요소를 도입한 최초의 작품으로 평가받는다. 이후 어린이를 위한 판타지의 한 전형이 된 루이스 캐럴의 『이상한 나라의 앨리스』도 호두까기 인형에서 영감을 받아 쓰인 것으로 전해지는데, 이 두 작품은 친구의 딸을 즐겁게 해주기 위해 만들어진 이야기라는 공통점도 갖고 있다.

▲ 메르헨Märchen은 짧은 이야기라는 뜻으로, 작가가 따로 없이 민중들의 입에서 입으로 전해 내려오는 구비문학에서는 폴크스(민중)메르헨Volksmärchen(주로 민담, 전래동화, 옛이야기로 번역된다), 창작문학에서는 쿤스트(예술)메르헨Kunstmärchen(예술동화로 번역되기도 한다)이라는 갈래가 있다.
⁺ 독일 낭만주의에 관한 정리는 『독일 문학의 본질』(김주연 지음, 민음사)을 참고했음.
˙ 안데르센은 독일인이 아니라 덴마크인이지만 독일 낭만주의의 영향 아래 작품 세계를 발전시켰고, 모국인 덴마크보다 독일에서 먼저 작가로서 높은 평가를 받았다. 이후 스웨덴 출신의 아스트리드 린드그렌, 오스트리아 작가인 크리스티네 뇌스틀링거도 독일 카테고리 안에서 살펴본다.

삶과 인간의 본질을 찾아서

20세기 독일 판타지에 가장 큰 족적을 남긴 작가로는 에리히 캐스트너와 미하엘 엔데를 들 수 있다. 1차 세계대전에서는 전쟁터의 군인으로서 트라우마를 겪고, 2차 세계대전에서는 유대인으로서 박해에 시달렸던 캐스트너는 현실에 깊이 절망했지만 그것을 뛰어넘는 희망과 새로운 세계에 대한 비전을 아이들에게 투영하여 동화로 표현했다. 그는 판타지 세계보다는 현실 세계를 더 즐겨 배경으로 삼으면서, 성품과 지혜와 의지와 배려 등 여러 면에서 어른을 능가하는 아이들을 주인공으로 내세웠다. 이 아이들의 성숙함과 의젓함이란 거의 판타지적이었다. 대표작 『에밀과 탐정들』(1929)을 비롯한 『하늘을 나는 교실』(1933), 『로테와 루이제』(1949) 등에서 그렇게 자신을 돌아보고, 어른들의 잘못을 비판하며, 더 나은 세상을 만들어가는 데 일조하는 아이들이 등장한다. 『동물 회의』(1949), 『5월 35일』 같은 판타지도 군국주의와 인종차별 등에 저항하고 풍자하면서 현실을 극복하고 재구성하려는 시각을 보여준다.

미하엘 엔데의 판타지는 또 다른 트라우마 극복 노력의 산물이다. 이성에 대한 신념이 흔들리는 세기말을 거쳐 두 번의 세계대전을 겪으면서 독일뿐 아니라 온 유럽에서 자연과학과 세계를 설명하는 전통적 방법에 대한 회의와 의심이 팽배해진다. 그리하여 객관적 세계와 합리적 서술에 대한 거부, 그것을 뒤집어보고자 하는 의도에서 환상이 적극적으로 쓰이게 된다. 현실의 고통이 현실적으로 극복되지 않을 때 환상세계에 기대는 아이들의 이야기도 한 흐름을 이루게 되었다. 『끝없는 이야기』는 환상 세계를 필요로 하는 아이의 동기를 종합적으로 보여 주는 좋은 예이다. 주인공 바스티안은 어머니의 죽음, 아버지의 무관심, 학교 친구들의 놀림과 학교에 대한 증오에 가까운 거부감으로 이루 말할 수 없이 위축되어 있던 아이다. 그러던 그는 우연히 빠져 들어간 책에서 환상 세계를 구하는 영웅이 되고, 다시 현실을 받아들일 수 있는 용기와 통찰력을 지닌 채 책에서 현실로 빠져나온다. 엔데가 이 이야기에서 결국 강조하는 것은 환상 자체의 중요성으로, 환상 없이는 현실이 완성되지 못하며 건강한 환상이 건강한 현실을 만든다는 명제이다.

에리히 캐스트너, 미하엘 엔데와 함께 독일의 3대 동화작가로 꼽히는 제임스 크뤼스의 『팀 탈러, 팔아버린 웃음』(1962)은 부모를 잃고 계모와 의붓형의 학대에 시달리던 아이가 아버지의 비석을 세울 돈을 마련하기 위해 악마와 계약을 맺고 자신의 웃음을 팔아버린다는 내용으로, 어린이 버전 『파우스트』라고 할 만하다. 초반의 판타지적 설정 이후 전개되는 이야기에는 환상적 요소보다는 오히려 다국적 기업의 시장 지배 음모 같은 현실적인 에피소드 들이 더 밀도 높게 펼쳐진다. 팀이 악마와의 계약 조건을 영리하게 이용해 팔아버린 웃음을 되찾는 데 성공하면서 인간을 인간으로 유지시키고 더 높여주는 핵심에 대한 성찰이 떠오른다.

현실의 문제를 환상에서 풀어가는 엔데와, 판타지에 기반을 두고 현실 안에서 인간의 본질을 찾아가는 크뤼스에 이어 살펴볼 만한 작가로, 현재 독일 판타지의 중심에 자리한 코넬리아 푼케를 들 수 있다. 『잉크하트』(2003), 『잉크스펠』(2005), 『잉크데스』(2007)로 구성된 잉크하트 3부작은 주인공이 책 속으로 들어가는 『끝없는 이야기』와 반대로 책 속 인물들이 책 밖으로 나와 현실의 주인공 삶을 뒤흔든다는 설정이다. 다른 세계, 다른 존재와의 투쟁과 교류를 통해 인간과 삶의 본령을 추구하는 철학적 전통을 이으면서도 푼케가 개성적으로 보여주는 모티프는 몸에 대한 탐구이다. 잃어버리는 목소리, 장식품으로 쓰이기 위해 잘리는 손가락, 온갖 색깔의 돌이 자라나는 피부, 불멸의 존재면서도 썩어가는 몸 등 육체를 감각적으로 살려내는 여러 작품 속 묘사는 이 판타지들을 생생한 현실로 만든다. 치밀한 배경 묘사와 인물들 사이의 긴 심리적 갈등도 푼케의 고유성에 이바지한다.

린드그렌과 뇌스틀링거

전통적으로 사회주의 성향이 강한 스웨덴은 어린이문학에서도 개인의 자아 탐구보다는 공동체의 이익이 우선이었다. 영국에서 피터 래빗이 엄마 말을 어기고 남의 밭 농작물을 훔쳐 먹는 작은 악당 노릇을 할 때 스웨덴의 펠레는 직접 양털을 깎고, 가족과 마을 구성원들에게 노동력을 제공하면서 그 대가로 실잣기, 베 짜기, 염색하기,

---

비어트릭스 포터 『피터 래빗 이야기』(1893)
엘사 베스코브 『펠레의 새 옷』(1912). 스웨덴 그림책의 기반을 놓은 작가로 평가받는 엘사 베스코브의 많은 그림책이 인간과 요정과 동식물이 어울리는 아름다운 자연 혹은 조화로운 공동체를 만들기 위해 노력하는 사람들을 보여준다.

옷 짓기를 해 받는 과정을 거쳐 새 양복을 스스로 마련하는, 착한 아이의 전형을 보여준다. 그런 가운데 공동체에 이바지하기는커녕 어른, 공권력, 학교의 권위를 조롱하면서 질서를 파괴하는 듯 보이는 삐삐가 가져다준 충격파는 가히 허리케인 급이었다. 삐삐 시리즈(1945~1948)를 비롯해 지붕 위의 카알손 시리즈(1955~1968), 『미오, 나의 미오』(1954), 『사자왕 형제의 모험』, 『산적의 딸 로냐』(1981) 등의 판타지는 모두 공동체의 가장 기본 단위인 가정이 뒤흔들리는 이야기들이었다. 아이들에게 부모가 없거나, 있더라도 부모에게 반기를 들어 집을 뛰쳐나온다는 고아 모티프가 중심에 있다. 고아가 아닌 경우에는 집에서 죽임을 당하거나 낯선 이의 침입을 당한다. 불안하고 위태로운 성장기, 안전을 보장하지 못하는 사회, 아이들을 지켜주지 못하는 어른들 같은, 아이 인생의 심리적 사회적 배경들이 갖가지 장치를 통해 다양하게 형상화되는 것이다.

판타지는 이런 배경에서 살아남아 성장하기 위한 중요한 무기가 된다. 삐삐의 가공할 육체적 힘과 언어 능력, 가방 가득 담긴 금화가 그렇고, 미오가 내 아버지는 머나먼 나라의 왕이며 나를 찾으러 올 것이라고 굳게 믿는 상상의 힘이 그렇다. 병과 화재로 목숨을 잃은 사자왕 형제는 사후세계에서 만나지만 거대한 전쟁에 휘말려 다시 죽음을 맞고, 그 이후의 세계에서 다시 만날 것을 약속한다. 죽음은 멸망이나 패배가 아니라 다른 세계로 가는 길목이다. 예의도 배려도 없는 이기적인 허세 덩어리 욕심꾸러기 카알손에게 방을 점령당한 아이는 그와 맞서 싸우기보다 받아들여 친구가 되는 편을 택한다. 공산주의 체제의 구소련에서는 삐삐보다 카알손이 더 사랑받았는데, 이는 반(反)공동체적으로 보이는 자기집중과 자기과시 같은 그의 성격이 사실은 독재와 억압에 저항하며 자유를 갈구하던 당시 소련인들을 대변해주었기 때문이라는 해석도 있다. 어려운 현실을 헤쳐 나가는 데 자유로운 환상의 힘이 어떤 역할을 하는지를 린드그렌의 판타지는 보여준다.

크리스티네 뇌스틀링거는 린드그렌에서 한발 더 나아간다. 린드그렌이 전통적인 가족 카테고리에서는 뛰쳐나오지만 여전히 구성원 사이의 이해와 결속이 단단한 새로운 형태의 가족을 지향한다면, 뇌스틀링거는 가족관계 자체의 모순과 허점을 냉소적으로 파헤친다.『오이대왕』에서는 3대에 걸친 가족 구성원들 모두가 서로를 비웃고 불신하며 공격하는데, 그런 관계의 중심에 서서 갈등을 증폭시키는 것이 오이대왕이라는 판타지 캐릭터이다. 오이대왕은 가부장적 권력욕, 아이다운 교활함, 허영심과 무책임 등 어른과 아이를 가리지 않고 인간 안에 있는 부정적 요소들을 꺼내 놓는다.『깡통 소년』(1975)은 공장에서 주문 생산되는 아이로, 어른답지 않은 어른, 아이답지 않은 아이로 이루어진, 가족답지 않은 가족을 통렬하게 풍자한다. 그러나 동화는 동화인지라, 뇌스틀링거는 그런 가운데도 희망의 실마리를 남겨 놓는다. 아이 안에 있는 본능적이고 순정한 낙천성과 유희 정신이 그것이고, 서로 이해하고 조화를 이뤄가며 섞여 들어가는 화합의 장이 그것이다. 비관과 낙관, 낙담과 희망, 의심과 믿음의 충돌과 교류를 통해 어른과 아이, 현실과 환상의 조화를 추구하는 판타지 정신이 두드러지는 현장이다.

♠

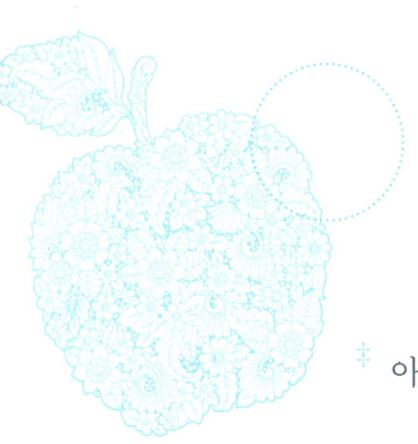

✟ 아동 판타지의 발전
영국 판타지

아동 판타지의 기초

독일 낭만주의에서 발원하고 안데르센에 의해 기초가 놓이기는 했지만, 아동문학에서 판타지가 하나의 장르로 자리를 잡기에는 영국 작가들의 힘이 컸다. 독일 낭만주의와 안데르센 외에도 영국 판타지에 영향을 미친 요소들은 초서의 캔터베리 이야기에서부터 아서왕 이야기, 이솝 우화, 천로역정, 걸리버 여행기, 페로의 전래동화, 찰스 디킨스, 심지어는 셰익스피어에 이르기까지 아주 다양하다. 이런 영향들이 한꺼번에 꽃을 피운 때가 빅토리아 시대이고, 이 시대 가장 중요한 작가로는 찰스 킹즐리, 조지 맥도널드, 루이스 캐럴을 손꼽는다.

이 세 작가의 공통점은 단단한 기독교적 바탕에서 글을 쓴 작가였다는 데 있다. 목사 공부를 하기는 했지만 내성적이고 말을 더듬는 경향이 있어서 남 앞에서 설교한 적이 거의 없었던 캐럴을 제외하고 나머지 두 사람은 실제로 목사 생활을 했다. 킹즐리의 『물의 아이들』은 원죄로 더럽혀진 인간이 어떻게 깨끗하게 씻기고 교화되어 다시 태어나는지를 그리는, 기독교 원리에 대한 명백한 은유이다. 그러나 그저 교리를 설명하는 데 그치지 않고, 톰이라는 인상적인 캐릭터를 만들어내서 그 아이가 겪는 모험과 여정을 독창적이고 흥미로운 사건으로 끌어갔다는 점에서 판타지다운 특성을 볼 수 있다.

조지 맥도널드의 작품들은 더욱더 기독교적이면서 판타지적이다. 북미 아동문학 연구가들의 모임인 아동문학연합Children's Literature Association: ChLA이 현대 아동문학의 시금석으로 뽑은 창작동화 29편 중에는 맥도널드의 공주 시리즈가 들어 있다. 『공주와

조지 맥도널드 책 『공주와 고블린』(1911년판)의 한 장면

고블린』(1872)과 『가벼운 공주』(1864). 두 편 모두 전래동화적인 모티프, 인물, 구조를 차용하면서도 작가의 개성을 뚜렷하게 드러냄으로써 창작 판타지의 바탕을 만들어냈다. 독창적이면서 재미있는 사건들 안에는 기독교적 주제가 진하게 녹아 있지만 당시의 사회 상황에 대한 풍자적 반영도 찾아볼 수 있다. 과거와 현재, 성聖과 속俗, 선과 악 같은 대립적 요소들이 절묘하게 어울려 긴장감 넘치는 분위기를 만드는데, 맥도널드는 이런 대립을 대립으로 끝내는 것이 아니라 한 차원 높은 통합으로 나아가게 한다. 그의 작품을 읽으면 판타지가 현실을 뛰어넘는 이상과 통찰을 보여주며 독자를 강력히 끌어올려주는 장르라는 사실을 확인할 수 있다.

　루이스 캐럴의 『이상한 나라의 앨리스』는 두말할 필요가 없는 판타지 문학의 걸작이다. 종교 교리, 예절교육 등에 억눌려 있던 문학 속 아이를 최초로 해방시킨 작품이라는 평을 듣는다. 앨리스는 아이들 특유의 호기심과 탐구심을 마음껏 발휘하면서 토끼를 따라 땅속 세계로 내려가 온갖 희한한 캐릭터들과 만나면서 육체적, 정신적, 언어적 유희를 즐긴다. 때로는 "저 녀석의 목을 베어라!"라는 명령을 들을 정도로 난폭한 유희이기도 하지만, 그런 것이 앨리스의 기를 죽이지는 못한다. 아무리 이상한 상황과 만나더라도 하고 싶은 말은 꼭 하고야 마는 당당한 앨리스는 아동문학사상 가장 복합적이면서 심오한 캐릭터로 자리를 잡았다. 체셔 고양이, 백작부인, 조끼 입은 토끼, 미친 모자 장수, 4월 토끼, 카드 병정, 여왕 등 이 작품에 나오는 캐릭터들은 모두 수많은 해석을 달고 다니는 유명인사가 되었다.

그 외에도 루이스 캐럴은 마르크스, 프로이트와 함께 19세기 들어 언어의 의미를 엄청나게 확장한 위대한 세 사람 중 하나로 평가받고 있다. 앨리스가 어른들의 말에 유심히 귀 기울인 결과 그들이 심각하게 여기는 것이 실제로는 그렇게 심각하지 않다는 결론을 내리게 됐다는 것이다. 어른들이 자신을 세상의 중심이며 주관자로 여기게 된 지 채 몇백 년도 지나지 않아 조그만 여자아이에게 이토록 당돌하고도 결정적인 도전을 받았다는 사실이 통쾌하다. 유명한 종교사상가, 천재적인 작가, 당대의 비평가 들이 아동문학에 눈을 돌려 뿌리 깊고 풍성한 토대를 놓은 덕분에 영국은 아동문학, 특히 판타지 부문에서 뛰어난 작가들과 작품을 계속 탄생시킬 수 있었다.

빅토리아 시대 이후의 에드워드 시대는 본격적인 판타지 문학의 탄탄한 토대를 마련한 걸출한 작가인 에디스 네스빗과 비어트릭스 포터, 러디어드 키플링, 케네스 그레이엄, 제임스 베리 등을 배출했다. 이 작가들은 모두 불행했던 어린 시절을 보냈다는 공통점을 가지고 있다. 부모의 사업 실패, 엄격한 통제, 방임, 병고 등 이유는 다양하지만 한결같이 상처는 깊었다. 그러나 그들은 그 상처를 작품으로 승화시켜 수많은 독자의 마음을 달래주고 띄워주고 열어주었다. 상처를 그대로 드러내는 사실적 이야기가 아니라 환상적 이야기를 통해서.

이 작품들은 모두 시대를 앞서가는 선도적 통찰을 보여준다고 연구자들은 말한다. 그 시대가 강요하던 도덕적 열기, 에드워드 리어와 캐럴의 전매특허인 풍자와 난센스, 청교도적 윤리관 등을 뛰어넘어 자유롭고 진취적인 세계관과 인간관을 펼친다는 것이다. 그러면서도 한편으로는 친절함, 공손함, 자비로움, 품격 같은 전통적 가치를 여전히 고수하는 면모도 보여준다. 산업혁명으로 인해 변화된 생활상이 생생하게 반영되는 것도 이 작품들의 특징인데, 예를 들면 이들의 작품 안에서 어른들의 역할이 어린이들의 세계로 침투해 들어오는 양상 같은 것이다.

에디스 네스빗은 현대 구미의 동화작가라면 그녀의 영향에서 아무도 벗어날 수 없다는 평을 들을 정도로 아동문학에 광범위하고 깊은 자취를 남겼다. 특히 판타지에서는 현대 동화의 수많은 판타지적 모티프를 만들어낸 것으로 평가를 받는다. 물론 그것들도 옛이야기에 뿌리를 두고 있는 경우가 많다. 시간 여행이라든가 마법 부적, 두 사람의 영혼이 서로 바뀌는 뒤바뀜viceversa 같은 것들을 예로 들 수 있다. 전래동화적인 소원성취 모티프를 이 작가가 얼마나 현대적으로, 개성적으로 재창조해냈는지는 『모래요정과 다섯 아이들』(1902) 같은 작품을 보면 확인할 수 있다. 러디어드 키플링은 『정글북』(1894)에서 동물의 세계와 인간의 세계를 뒤섞어 놓고 어느 쪽이 동물이고 어느 쪽이 인간인지 알 수 없을 정도로 두 세계의 경계를 허물어 버리며 동물이 오히려 인간적이고 인간은 너무나 동물적이라는 뼈아픈 반성을 불러일으킨다. 케네스 그레이엄은 『버드나무에 부는 바람』(1908)으로 영국 문학사에 이름을 남겼다. 동물 판타지의 전형으로 일컬어지는 이 작품은 그 신나는 모험들을 통해 어린이의 마음을, 떠남과 돌아옴의 얽힘으로 전개되는 인생에 대한 애틋한 향수를 통해 어른들의 마음을 사로잡았다.

제임스 베리의 『피터 팬』은 이 시기 영국의 판타지 중 가장 널

『피터 팬』(1911)의 한 장면(프랜시스 던킨 베드포드 그림)

리, 가장 오래, 가장 강력하게 전 세계에 영향을 끼친 작품일 것이다. 영원히 죽지 않고 나이 먹지 않는 소년 피터 팬과 나이 먹고 노인이 되어가는 소녀 웬디 두 아이의 이야기는 영원과 순간, 현실과 이상, 얻는 것과 잃는 것 사이의 복잡하고 애잔한 관계에 대해 깊은 생각에 잠기게 한다. 이 작품의 완역본을 읽어보면 해피엔딩으로 마음 가벼워지는 디즈니의 애니메이션과 달리, 영원히 어린 존재로 남는다는 일의 처절함에 숙연해진다.

현대의 판타지 - 모험극에서 심리극으로

1950년대는 마치 빅토리아 시대가 부활하기라도 하듯 판타지가 활기를 띤다. C. S. 루이스의 나니아 연대기, 메리 노튼의 『마루 밑 바로우어즈』(1952)와 그 후속편들, 루시 보스턴의 『비밀의 저택 그린 노위』를 필두로 한 그린 노위 시리즈(1954~1976), 필리파 피어스의 『한밤중 톰의 정원에서』 등이 모두 이 시기에 나온 작품들이다. 이 작가들은 킹즐리, 캐럴, 맥도널드만큼이나 각각 다른 개성과 작품으로 아동 판타지 발전에 크게 기여하면서 그 영향력을 오늘까지 행사한다. 서사 판타지, 미니어처 세계, 동물 판타지, 마술 이야기, 전래동화에 기초한 판타지 등이 이 시기 작품들의 분류군이다.

　나니아 연대기는 맥도널드 식으로 기독교 정신을 바탕에 깔고 우주 운행의 섭리를 펼쳐 보인다. 그러나 당대의 아이들을 주인공으로 내세우고 훨씬 현란한 서사적 사건을 진행시킴으로써 어린 독자들에게 더욱 매력적으로 다가갈 수 있었다. 『마루 밑 바로우어즈』는 미니어처 세계를 그리는 대표적인 작품으로, 아이들은 인간들의 물건을 빌려(바로우) 쓰는 작은이들의 삶을 마치 소꿉놀이하듯 들여다보는 즐거움을 누리게 된다. 그 작은 인간들의 운명을 자신과 같은 어린아이가 바꾸어놓는 이야기를 통해 아이들은 막강한 권력을 대신 행사하면서 자신의 힘을 발견하는 카타르시스를 느낄 수도 있다. 『한밤중 톰의 정원에서』는 시간에 대한 깊이 있는 질문을 담은 상당히 철학적인 주제를 안으면서도 이야기는 아이들의 놀이에 초점이 맞춰져 있다. 철학도, 인생 탐구도, 환상도, 아이들 세계에서는 모두 놀이 안에서 이루어진다는 사실을 다시 한번 확인하게 해주는 작품이다. 그런가 하면 신비한 존재나 마술 도구, 독특한 장치 같은 것 없이 평범한 일상을 약간만 비트는 것만으로도 지극한 판타지가 나올 수 있다는 것을 보여주기도 한다.

리얼리즘의 시대였던 1960년대는 아동문학에도 드라마틱한 변화가 일어났다. 아이들의 집이나 학교, 휴가에서 일어나는 일상의 일들을 부담 없이 그리는 경향에서 벗어나 아이들에게 심리적 상처와 고통을 남기는 사회적 문제들을 다루기 시작한 것이다. 특히 베이비붐 세대의 아이들이 학령기가 되기 시작한 미국에서 그런 현상이 두드러졌는데, 그러는 가운데에서도 중세적인 환상 세계를 정교한 묘사력으로 그려낸 로이드 알렉산더의 프리데인 시리즈(1964~1968)가 미국에서 판타지의 선봉에 섰다. 그 뒤를 어슐러 르 귄이 어스시 시리즈(1968~2001)로 뒤따랐고, 영국에서는 알란 가너와 윌리엄 메인이 영국과 웨일스와 스칸디나비아의 신화를 바탕으로 새로운 세계를 창조해냈다. 어슐러 르 긴 이외의 작가들은 우리나라에 별로 알려지지 않았는데, 낯선 유럽 여러 나라의 신화와 전설, 중세 세계에 대한 경험이 없는 우리 독자들로서는 아무래도 그 이야기들에 전적으로 몰두할 여지가 적다고 할 수 있다. 틴에이저들이 힘을 갖게 되는 리얼리즘 동화와 발을 맞추어 이 판타지들에서도 남다른 힘과 능력을 가진 어린 성인들이 자신에게 부과된 힘겨운 임무를 완수해낸다.

1960년대는 리얼리즘 동화에 비해 상대적으로 판타지가 위축되었지만, 70년대에는 다시 판타지가 괄목할 만한 약진을 보여준다. 어슐러 르 긴이나 조안 에이킨 같은 작가가 활발히 활동했고, 로버트 웨스톨, 앤 맥카프리, 리처드 애덤스, 로버트 오브라이언이 과거 판타지의 전통을 이어받아 그 영역을 넓히면서도 자기 시대의 특징을 각자 여실히 보여준다.

빅토리아 시대에 잠깐 어른들이 흥미를 보였던 것을 빼면 20세기 들어 판타지는 거의 언제나 아이들의 전유물로 취급되었다. 그러나 1950년대에 출판된 톨킨의 반지의 제왕 3부작 이후, 어른 독자들도 판타지에 보다 적극적인 관심을 기울이기 시작했다. 많은 판타지 작가들이 현대의 톨킨을 자처하면서 독창적인 이차적 세계, 왕과 왕비, 마술 물건, 선과 악의 투쟁 등 방대한 판타지 요소를 작품 안에 담으려고 애를 썼다. 그러면서 어른용 판타지와 아이용 판타지 사이에는 뚜렷한 구분이 생기게 된다.

이 시기에 나온 판타지의 특징 중 하나는 현실과 맞서는 비현실 세계를 만들어내는 것이 아니라, 초현실적인 현상을 현실의 보조물로 사용한다는 점이다. 로알드 달은 『찰리와 초콜릿 공장』(1964) 이후 『마녀를 잡아라』(1983), 『마틸다』(1988) 등에서 가난, 부모의 부재, 부모의 학대로 힘들어하는 아이들을 그린다. 이들은 마법적 능력을 갖춘 부유한 공장주, 자신의 초능력, 친구와 할머니의 도움 등으로 결핍을 충족시키거나 위기를 물리치면서 안정된 삶의 자리를 찾아나간다. 흑인이나 여성을 비하한다거나 지나치게 폭력적이라는 사회 정치적 논란에 오르기도 했지만 달의 대담하고 거침없는 환상은 불편함과 죄책감이 뒤섞인 카타르시스를 안기는 묘한 세계를 창조한다. 평범한 일상을 파고드는 초능력을 즐겨 등장시키는 질리언 크로스는 『악마 교장 The Demon Headmaster』(1982)에서 기묘한 최면 능력으로 아이들을 지배하려 드는 교장선생을 등장시키고, 『쌍둥이와 슈퍼 쌍둥이 Twin and Super-twin』(1990)에서는 쌍둥이 형제의 팔을 뱀이나 폭죽이나 딸랑이 같은 물체로 바꾸는 아이의 염력을 유희적으로 사용한다.

불우한 처지에 있는 어린 주인공이 특출한, 마술적인 힘을 얻음으로써 현실의 어려움을 물리친다는 이야기는, 판타지를 심리 치료의 도구로 사용하도록 해준다. 그리하여 심리 판타지라는 새로운 분야의 판타지가 발생한다. 유명 소설가인 이언 매큐언이 처음으로 썼다는 동화 『피터의 기묘한 몽상』(1994)도 그런 심리 판타지의 연장선상에 있다. 소심하고 걱정 많은 피터는 시시때때로 몽상의 세계로 빠져드는데, 여동생의 인형들에게 협박을 당한다거나, 고양이나 갓난아기와 몸이 바뀐다거나, 식구들의 몸을 크림으로 쓱쓱 지운다

『피터의 기묘한 몽상』(이언 매큐언 지음, 서애경 옮김, 아이세움)

거나 하는 사건들은 무슨 대단한 모험이나 업적과 연결되지 않는다. 그저 이 아이가 몽롱하게 한나절 지내는 동안 꿈인지 생시인지 모르게 일어나는 일일 뿐이다. 그러나 이렇게 사소해 보이고 허망해 보이는 몽상들은, 피터가 자기 자신을 돌아보고, 남의 처지를 이해하고, 용기를 내서 자기를 괴롭히던 친구에게 덤벼들고, 그런 뒤 그 친구와 화해를 하고, 자신의 미래를 그려보는 일에 풍성한 원천과 동기를 부여해준다. 이전까지의 판타지가 잘 짜이고 의미 깊고 스케일 큰 서사 위주로 발전해왔다면, 이후로는 뒷전에 밀려 있던 사소하고 단편적인 공상들이 우리 삶에서 얼마나 소중한 질료 역할을 할 수 있는지를 조명해 보이는 것이다.

21세기 들어서 전 세계적인 돌풍을 일으킨 해리 포터 시리즈(1997~2007)는 다시 이전의 신화적 판타지를 보여준다. 초현실적 배경 안에서 벌어지는 선과 악의 절대적 투쟁을 큰 축으로 잡아 마법적 인물과 도구들이 활약하는 것이다. 영국 판타지의 계보 안에서 드물지 않게 찾아볼 수 있는 요소들인데도 보기 드문 성공을 거둔 이유는 아마도 이전까지의 '어른' 판타지와 '아동' 판타지를 절묘하게 혼합한 데 있을 것이다. 어른 판타지에서나 볼 수 있을 법한 장대한 스케일의 치명적인 전투에, 이전까지는 한정된 영역에서 한정된 역할을 맡던 아이들이 거침없이 뛰어들어 필사적으로 헤쳐 나가는 서사는 강력한 흡인력을 갖고 있었다. 신비로우면서도 애처로운 주인공을 비롯한 어린 인물들이 성장하는 모습, 확고한 우군이나 적군 등 수많은 캐릭터들도 흥미의 요인이었다. 기숙사에 사는 학생들 사이의 온갖 갈등이 소재가 되는 학교소설의 전통이 단단한 영국에서 마법 학교라는 배경은 친근한 것이었고, 영국 이외의 지역에서는 새롭고 신기한 모티프로 작용할 수 있었다.

이렇게 해리 포터 이야기에서는 친근함과 새로움이 조화를 이루고, 고전적 선악 대결 구도와 낭만적 로맨스나 가족사가 합해지며, 미스터리와 모험도 빠지지 않는다. 상투적이고 진부하다는 혹평에서부터 앨리스나 허클베리 핀에 견줄 만한 고전으로 남을 것이라는 상찬까지, 평단의 언급도 다양하다. 하지만 판타지의 막강한 힘을 보여주었다는 점만으로도 이 작품에 대한 분석과 평가는 지속되어야 할 것이다.

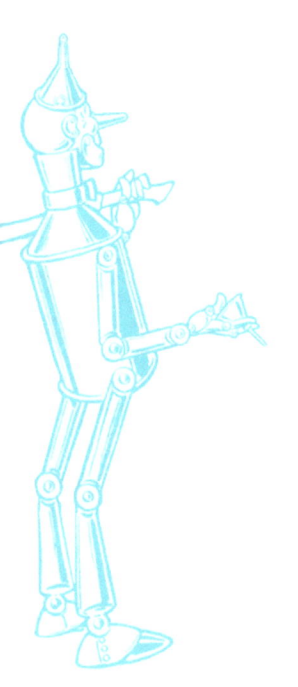

‡ 경계를 넘어서
미국 판타지

가족이 중요하다

새로운 세기가 시작되는 1900년, 미국의 어린이문학에는 하나의 분기점을 찍는 작품이 등장했다. 바로 프랭크 바움의 『오즈의 마법사』이다. 이 작품과 그 후속편들의 성공 덕분에 실용주의와 합리주의 정신으로 무장되어 있던 미국에서 판타지라는 장르의 씨앗이 뿌려질 수 있었다. 그러나 미국에서 판타지의 꽃이 본격적으로 피는 데는 1962년 매들렌 렝글의 『시간의 주름』이 나오기까지 60여 년의 시간이 더 필요했다. 그러면서 미국 어린이문학의 판타지는 영국이나 다른 유럽 국가의 판타지들과는 흥미로운 차이점을 보여준다.

그 첫 번째는, 판타지의 주인공들이 추구하는 가장 중요한 가치가 사실적 픽션 과 마찬가지로 가족이라는 것이다. 회오리바람에 말려 알지 못하는 먼 곳으로 날아간 『오즈의 마법사』의 도로시가 그 수많은 환상적 모험을 겪는 이유는, 집으로 돌아가기 위해서이다. 고아지만, 그래서 엄마 아빠가 아닌 친척의 손에 자라지만 어쨌든 도로시에게 집은 최고의 가치이고, 그녀는 늘 아저씨와 아주머니를 그리워한다. 새로운 곳에서 새로운 가족을 만드는 삶을 찾는 것이 아니라 이전의 삶으로 되돌아가려는 시도를 그치지 않는 도로시에게서 미국의 보수적 가족중심주의의 흔적이 비친다. 『시간의 주름』에 나오는 아이들은 실종된 아버지를 찾아 데려오기 위해 우주를 가로지르는 고난의 여행을 마다하지 않고, 카마조츠 행성에서 마주치는 최대의 위기도 가족에 대한 사랑의 힘으로 극복한다.

이런 경향은 미국 판타지의 두 번째 특징인 동물 판타지에서도 여실히 드러난다. 미국의 동화는 동물에 대한 지극한 애정, 동물과 인간 사이의 돈독한 관계를 즐겨 다룬다. 그런 만큼 판타지에서도 동물이 주요 캐릭터로 등장하는 동물 판타지가 많은데, 휴 로프팅의 둘리틀 박사 시리즈(1920~1952), 로버트 로슨의 『꼬마 토끼 조지의 언덕』(1944), E. B. 화이트의 『샬롯의 거미줄』, 조지 셀던의 『뉴욕에 간 귀뚜라미 체스터』(1960), 러셀 호반의 『생쥐와 그의 아들The Mouse and His Child』(1967) 등의 작품에서도 가족 사랑이라는 낯익은 주제는 전편을 통해 전면으로 나선다.

대표적인 예 중 하나로, 『큰 숲 속의 작은 집』으로 시작되는 로라 잉걸스 와일더의 초원의 집 시리즈(1932~1971)를 들 수 있다. 서부개척 시대 한 농장 가족의 생활상을 그리는 이 이야기의 가장 중요한 근간은 가족 사랑이다.

♠

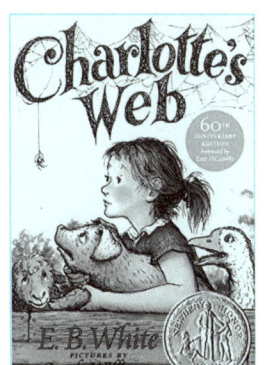

『샬롯의 거미줄』 60주년 기념 에디션(2014).

이 중 가장 주목할 만한 작품이 『샬롯의 거미줄』이다. 무녀리로 태어나 세상 빛을 보자마자 도끼날 아래 죽어갈 운명이었던 새끼 돼지 윌버. 그 죽음은 다행히 피하지만 돼지의 앞날이 결국 햄과 소시지가 되는 일이라는 것을 알게 되자 두려움에 떤다. 그 운명에서 벗어나고자 하는 윌버의 노력과 그것을 도와주고 제 생명을 소진하는 거미 샬롯, 둘을 둘러싼 주변의 여러 동물과 인간들 이야기가 경쾌하게 얽힌다. 무겁고 무서울 수 있는 죽음이라는 주제를 정면으로 다루면서도 유머와 희망으로 환한 작품 세계를 보여주는 이 이야기는 심각한 삶의 위기에 처한 사람들에게 큰 위로와 힘을 주고 있다.

이 책은 뉴욕 타임스 올해의 책으로 선정된 바 있는데, 헤밍웨이나 포크너, 샐린저 같은 대가들의 소설을 올해의 책으로 뽑던 뉴욕 타임스가 조그만 동화를 올해의 책으로 세운 것은 하나의 사건이었다. 전통적으로 판타지가 약하던 미국에서, 비록 '가벼운 동물 판타지'로 분류되기도 하지만 어쨌든 판타지인 작품이 전 국민적인 사랑을 받음으로써 어린이문학의 경계가 더 확장된 셈이다. 완전히 다른 종인 거미와 돼지가 가족 이상의 애정으로 서로를 돌보는 이야기를 통해 가족의 경계를 혈연에서 공동체로 넓혔다는 점도 이 작품의 주목할 만한 성과로 평가된다.

과학과 판타지의 접목

또 다른 미국 판타지의 특징은, 실용주의자들의 후예답게 과학 지식과 접목하는 경우가 많다는 것이다. 아인슈타인의 법칙, 원자, 차원 등의 과학 기반 위에서 맨몸으로 순식간에 수억 광년의 우주를 가로지르는 여행 같은 판타지 요소를 접목한 『시간의 주름』은 사이언스 픽션 판타지라는 새로운 장르 용어를 탄생시켰다. 윌리엄 페네 뒤 부아의 『21개의 열기구』(1947)는 화산 폭발이라든가 세계 각국의 건축 양식, 열기구를 비롯한 다양한 운송 수단에 대한 과학적이고 사실적인 묘사로 판타지와 과학 소설을 넘나들었다는 평가를 받았다. 세계 대부분이 파괴된 대전쟁 이후 살아남은 사람들이 다시는 그런 비극을 겪지 않게 한다는 명분 아래 기본적인 인간성과 다채로운 자연환경까지도 말살하는 통제 사회를 운영한다는 내용의 로이스 로리의 『기억 전달자』(1993)는 사이언스 픽션으로 분류되기도 한다.

이 모든 현상을 한눈에 확인할 수 있는 판타지가 있다. 확대된 공동체의 보존이라는 기치를 내세우고 동물 판타지와 사이언스 픽션 판타지를 혼합시킨 로버트 C. 오브라이언의 『프리스비 부인과 니임의 쥐들』이다. 실험으로 높은 지능을 갖추게 된 쥐들이 실험실에서 탈출한 뒤 고도의 기계문명뿐 아니라 예술과 문화를 누릴 수 있는 자신들만의 집단 체제를 건설한다. 유전자 조작, 인공지능 같은 과학기술의 발달이 자연의 생명체를 어떻게 변형하고 변화시키는가, 다른 생명체와의 관계나 지금까지의 자연 질서에는 어떤 영향을 주는가, 어떤 윤리적 문제를 제기할 수 있는가 하는 문제가 제기된다. 높은 지능과 문명사회 운영 능력을 갖춘 실험실 쥐만의 무대가 펼쳐지는 것이 아니라 일상에 위기가 닥친 평범한 들쥐인 프리스비 부인이 중요한 축으로 엮여 들어가는 구조도 인공과 자연의 상호 조화에 대한 질문에 기여한다.

나탈리 배비트의 『트리갭의 샘물』은 죽지 않고 늙지도 않는 샘물을 마시고 영원히 그 상태로 떠돌아다니는 터크 일가와 그 샘물을 탐내는 노란 옷의 사나이, 샘물을 마시고 자기와 함께 다니자는 청을 받는 위니를 둘러싸고 벌어지는 독특한 시간 판타지이다. 가장 미국적인 판타지이면서, 지금까지 어린이를 위해 쓰인 삶과 죽음에 대한 가장 사려 깊은 작품이라는 평을 받고 있다.

대륙 식으로 전설과 신화에서 소재를 가져오고 선과 악의 영원한 투쟁, 인간의 어두운 본성과 높은 이상 탐구라는 깊은 주제를 담아내는 하이 판타지*도 미국에서 새롭게 자리 잡기 시작한다. 로이드 알렉산더의 『비밀의 책』(1964)을 시작으로 하는 프리데인 연대

♠ 하이 판타지high fantasy는 판타지의 하위 장르 중 하나를 일컫는 용어로, 로이드 알렉산더가 쓴 에세이에서 비롯된 것으로 알려져 있다. 1차 세계(현실세계)와 구분되는 2차 세계를 배경으로 마술적이고 신화적인 사건들이 일어나는 이야기를 담고 있다. 이와 대비되어 1차 세계에서 생기는 마법적인 이벤트를 보여주는 이야기를 로우 판타지low fantasy로 부르는데, '질적으로 낮음'을 의미하는 것은 아님이 자주 강조된다.

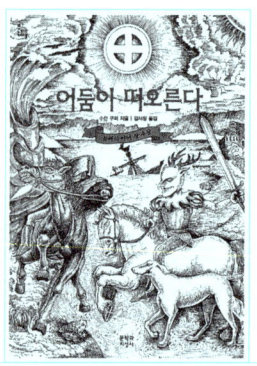

『어둠이 떠오른다』(수잔 쿠퍼 지음, 김서정 옮김, 문학과지성사).

기, 어슐러 르 귄의 어스시 시리즈, 『바다 너머, 바위 아래Over Sea, Under Stone』(1965)로 시작해서 빛과 어둠의 끝없는 투쟁이 시공을 추월하고 비트는 현란한 배경을 바탕으로 벌어지는 수잔 쿠퍼의 어둠이 떠오른다 시리즈(1965~1977)를 들 수 있다. 영국에서 태어났거나, 영국의 판타지에 큰 영향을 받은 이 작가들이 활약한 1960년대부터 미국의 판타지는 영국의 판타지와 진지하게 겨룰 수 있는 역량을 인정받는다.

2000년대 들어서 미국의 판타지는 이 모든 특징을 다양하게 담아내는 복합적 양상을 보인다. 장기 이식을 위해 만들어지고 양육되지만 정작 자신은 복제인간인 줄 모르는 복제인간을 그린 『전갈의 아이』(낸시 파머, 2002)는 과학기술의 환상적 진보와 함께 인간의 근본에 대한 질문을 던진다. 버려진 아기가 달빛을 마시고 마법의 힘을 받는다는 시적인 이야기 『달빛 마신 소녀』(켈리 반힐, 2016)는 중세풍 배경의 하이 판타지로 보이면서도 다양한 형태로 빚어지는 가족 구성원 사이의 사랑에 관한 추구를 담고 있다.

경계를 넘어서

최근 들어 미국 아동문학계는 다문화 사회 안의 다양성에 시선을 돌려 국경, 문화, 인종 등의 경계를 넘어서는 경향이 다분하다. 이민 2세 혹은 3세 미국인들이 부모나 조부모 나라의 문화와 신화 모티프를 풀어내거나 현대 미국사회의 삶과 엮어 자아내는 이야기들이 드물지 않게 뉴베리 상 목록에 오르며 주목을 받는다. 그레이스 린은 『산과 달이 만나는 곳』(2009)에서 중국의 신화를 풀어내며 중국판 오즈의 마법사라는 평을 들었다. 에린 엔트라다 켈리의 『안녕, 우주』(2017)는 필리핀 할머니에게서 들은 옛이야기가 아이 일상의 갈등과 위기에 어떤 마법적 빛을 비추는지가 펼쳐진다. 호랑이가 나타나 이야기의 힘, 이야기를 통해 드러나고 형성되는 인생의 깊이를 알려주는 『호랑이를 덫에 가두면』(태 켈러, 2020)도 그런 흐름에 합류하는 작품이다. 한국인 할머니에게서 한국 옛이야기를 듣고 자랐다는 작가는 「해와 달이 된 오누이」 모티프를, 할머니와 손녀의 눈앞에 나타나 두려움과 위로와 깨달음을 동시에 던지는 호랑이와 함께 엮어, 모호하면서도 강력한 환상을 만들어낸다.

창조의 기본 원리를 품은 폴크스메르헨과 쿤스트메르헨에서 싹을 틔운 판타지는 이후 본격적인 어린이를 위한 문학 장르로 자라났고, 과학이나 심리학 같은 다른 학문과의 접목을 통해 경계를 넓혀갔다. 판타지는 옛이야기나 신화, 중세의 전설에서 모티프를 가져오기도 하고, 먼 미래 우주 아득한 행성을 시공간 배경으로 쓰기도 한다. 인간처럼 말하고 생각하는 동물과 인간을 넘어서는 인공지능이 인간과 어울려 어떤 역사를 함께 만들어간다. 가족과 집의 가치가 강조되는가 하면, 혈연에 의한 집단이 와해되면서 개인의 선택에 의한 가족이 새롭게 꾸려지기도 한다. 허황해 보이는 초능력과 마법 속에서 죽음 물리치기, 사랑 완성하기, 행복 찾기 같은 인간의 깊은 소망과 욕망이 이루어진다.

판타지도 결국은 시대 상황의 영향을 받는 인간 정신의 산물인지라 시대적 배경과 사회적 현상에 따라 그 양상은 달라질 수밖에 없다. 그러나 그 모든 현상과 양상을 넘어 판타지에는 변하지 않는 한 가지 의미 깊은 면모가 있다고 학자들은 주장한다. 그것은 아이들에게 사고의 지평을 넓히게 하고, 올바른 판단을 하도록 이끌고, 자기 자신을 극복하는 힘을 기르도록 하고, 자신이 처한 상황을 다룰 줄 아는 사고력을 훈련시키는 것이다. 이런 능력은 아이들은 물론이거니와 어른들에게도 필요하다. 그 목적을 위해 판타지는 다양한 테마와 플롯과 스타일을 요구하고 있다.

모순되거나 상호 충돌하는 것처럼 보이는 수많은 이야기가 각자의 진실한 빛을 발하는 판타지 세계는, 다른 예술 장르와 마찬가지로, 수많은 별이 떠 있는 우주와 같은 곳이다. 독자는 그곳을 보며 자신의 갈 길을 알려주는 길잡이별을 찾을 수 있을 것이다.

❖ 나의 첫 번째 판타지

『별의 눈』
(토펠리우스 지음, 최선경 옮김, 보림)

어두운 밤, 한 가족이 늑대들에게 쫓기고 있다. 그러다 썰매에서 여자 아기가 떨어진다. 엄마의 비명에도 아랑곳하지 않은 채 순록은 내달리고, 홀로 남겨진 아기를 늑대들이 둘러싼다. 아무것도 모르는 아기의 초롱초롱한 눈 안으로 별빛이 쏟아져 들어온다. 그 눈빛에 눌려 늑대들은 물러가고, 마침 그 길을 지나던 다른 식구가 아기를 키우게 된다. 그러나 일곱 겹 헝겊으로 눈을 가리고 지하실에 가두어도 밖에서 무슨 일이 일어나는지 꿰뚫어 보는 아이의 초능력에 두려움을 느낀 양어머니는 아이를 다시 숲속으로 쫓아 버린다. 동화답지 않은 결말이지만 틀림없이 그렇게 끝난 것 같다. 아니면 내 기억이 그 뒤의 상황을 거부하고 있는 것일까?

내게 판타지 하면 가장 먼저 떠오르는, 가장 어린 시절의 강력했던 이야기다. 핀란드의 역사학자이자 작가인 토펠리우스의 『별의 눈』. 지금 그 이야기를 떠올리니, 썰매에서 떨어진 아기와 그걸 보고도 그냥 가야 했을 부모에 대한 연민이 가장 먼저 마음을 찌른다. 이 비극적인 이야기는 얼핏, 아이들에게 부적절하게 여겨질지도 모르겠다. 그러나 어린 나는 매혹되었다. 왜일까? 비극에 대한 본능적인 끌림 외에도 거기 내포된 풍부한 상징과 의미가 무의식적으로 나를 사로잡았던 것이 아닐까?

심리학적으로 풀어 보자면, 이 이야기는 부모의 품에서 벗어나 홀로 서야 하는 아이의 실존적 상황에 대한 비유이다. 어두운 숲속에서 늑대에 에워싸이는 것만큼이나 세상은 위험하지만, 그래도 그 세상으로 나가야 하는 것이다. 그때 아이를 도와줄 수 있는 힘은 바로 별빛으로 상징되는, 자연과 우주에서 얻는 에너지이다. 별의 이미지는 태양처럼 폭발적인 것도 아니고, 달처럼 농염한가 하면 싸늘하기도 한, 그런 변덕스러운 것도 아니다. 그것은 보석처럼 단단하고, 빛나고, 명징하고, 영원하다. 밤중에 길을 잃고 헤매는 나그네에게 구원처럼 길을 알려주는 것 또한 별빛이다. 이 아이는 그런 별의 기운을 받아들여, 세상의 본질과 비밀을 꿰뚫어 보는 눈을 지닌 초인 같은 존재가 된 것이다. 그리고 초인이나 선지자들이 늘 그렇듯이, 그 능력 때문에 세상에서 버림받고 숲속으로 홀로 들어가는 고독한 운명을 감수하는 것이다.

자연이나 우주의 신비, 그 힘과 실질적으로 대면할 기회가 거의 없는 요즘 아이들에게 이 비극적이지만 장엄하고 초월적인 이야기가, 내게 그랬던 것처럼 무의식적으로 각인될 수 있을까? 아마 그럴 것이다. 사실 어린 시절에 거대하고 비밀스러운 자연을 온몸으로 체험하는 기회를 가질 수 있는 아이가 몇이나 될 것인가. 그런데도 엄마 아빠를 잃고 눈 위에 떨어져, 늑대들에게 둘러싸인 채 별을 보고 있는 아이의 이미지는 압도적인 힘으로 세포 속까지 침투하는 것이어서 직접적인 자연 체험과 상관없이 받아들여질 수 있다. 그런 별빛, 그러니까 우주의 에너지를 온몸에 받아들여, 세상의 본질과 비밀을 꿰뚫어 보는 초인 같은 존재가 된 아이. 고요하면서도 거부할 수 없이 강력하게 무의식에 각인되기에 충분하지 않겠는가.

그렇게 나의 첫 번째 동화의 주인공은 신데렐라도 백설 공주도 아닌, 별의 눈이었다. 그래서 나는 어렸을 때부터 늘 겨울철의 북유럽을 여행하고 싶어 했다. 눈 덮인 숲, 순록이 끄는 썰매, 딸랑거리는 방울 소리, 얼어붙은 밤하늘에 하얗고 날씬한 자작나무 위로 빛나는 별들. 청명하면서 외롭고도 장엄한 자연의 이미지는, 어떤 화려한 인간 역사의 발자취보다 더 마음을 잡아끌었다. 그 매혹의 근원이 바로 별의 눈이었다.

독일 유학 시절 한 해 가을, 유럽을 여행하면서 나는 핀란드를 가로지르는 기차 여행에 가장 마음이 부풀어 있었다. 하지만 어릴 때 책에서 읽은 라플란드의 풍경은 어디에도 없었다. 겨울이 아니었던 탓도 있었지만 눈이나 순록도 없고, 기찻길 옆의 풍경은 다른 북유럽 국가의 그 흔한 가을 풍경과 다를 바가 없었다. 랩족의 생활상을 보존해 놓았다는 박물관도 초라했다. 박제된 순록과 알록달록한 망토를 걸친 어설픈 인형들만 몇 점 유리 벽 안에 갇혀 있을 뿐이었다.

그래, 그럴 줄 알았어야 했다. 나는 쓸쓸한 기분이 들었다. 현실이라는 건 언제나 이렇게 실망스럽고 쓸쓸하다. 오래 꿈꾸었던 일일수록 더 그렇다. 하지만 그렇다고 해서 별의 눈의 마력까지 사라진 것은 아니었다. 핀란드의 매력이 시들해진 것도 아니었다. 오히려 눈에 보이지 않는 영상을 마음 깊은 곳에 그토록 생생하게 그려내는 옛이야기를 품은 그 나라가 새삼스레 다시 보였다.

현실은 쓸쓸하지만, 그런 현실을 풍요롭고 의미 있게 해주는 이야기들을 우리가 기억할 수 있다는 것이 얼마나 고마운 일인가. 판타지를 좋아하는 독자, 판타지를 쓰는 작가들은 아마도 그렇게 쓸쓸한 현실을 풍요롭게 만들어주는 자신만의 별의 눈을 마음에 품고 있을 것이다. 그 별의 눈을 자기 안에서 되살려낼 수 있는 한, 독자들은 이야기의 힘을 믿으면서 읽고, 작가들은 지치지 않고 쓸 수 있을 것이다.

❖ 어린이 만세, 어린이문학 만세!

루이스 캐럴의 『이상한 나라의 앨리스』(1898년판)

영국에서 가장 많이 인용되는 책을 아시는지? 물론, 성경이다. 두 번째로 많이 인용되는 책은? 당연히, 셰익스피어이다. 그럼 세 번째는? 놀랍게도 『이상한 나라의 앨리스』이다. 성경은 신·구약 합해 66편으로 이루어져 있고, 셰익스피어 작품은 37편이라는 걸 헤아린다면 얄팍한 한 권짜리, 그것도 '겨우' 동화책이 영국에서 세 번째로 많이 인용되는 책의 자리에 올라 있다는 것은 놀라운 일이 아닐 수 없다.

    영국뿐 아니다. 할리우드 영화 〈매트릭스〉(1999)에서 내 귀가 번쩍 뜨인 대사는, 여기가 환상 세계인지 현실 세계인지 몰라 어리둥절해 하고 있는 주인공에게 저항군 지도자가 한 말, "뭔지 조금 앨리스 같은 느낌이지?"였다. '이상한 나라의'도 필요 없이 그냥 앨리스. 앨리스는 그렇게 이미 하나의 굳건한 문화적 코드로 자리 잡은 것이다.

1865년에 영국에서 나온 『이상한 나라의 앨리스』. 150여 년이 지난 뒤 한국에서 보자면 앨리스가 무엇 때문에 그렇게 유명한지 잘 이해할 수가 없다. 그것을 이해하려면 우선 앨리스의 역사적 의의를 이해해야 한다.

당시 빅토리아 왕조 시대의 어린이관은 두 가지 극단적 양상을 보이고 있었다. '어린이는 어른의 아버지'로 그 순수함을 한없이 찬양하던 시선과 '인간은, 갓난아이조차도 죄인'이라는 삼엄한 청교도적 시선이었다. 또한 당시의 어린이문학은 종교와 도덕과 예절에 관한 교훈, 설교, 협박, 설득이 주류를 이루고 있었다. 낚시 갔다가 물고기를 괴롭힌 벌로 꼬챙이에 꿰여 피를 철철 흘리는 아이 이야기, 고작 여덟 살 나이에 온갖 순교자적 희생을 기쁘게 감내하면서 죽어가는 아이 이야기, 부모 없는 아홉 남매의 맏언니로 동생들을 키우고 교육을 완벽하게 해내는 여자아이 이야기. 어린이들은 주눅 들지 않을 수가 없었다.

그런 때 나온 『이상한 나라의 앨리스』는 폭탄처럼 어린이 해방을 선언하는 책이었다. 거리낌 없이 본능적인 탐구심을 따라 환상 세계를 마음껏 헤집고 다니면서 온갖 뒤죽박죽 신나는 사건들과 맞부딪치는 앨리스를 읽으며 아이들은 환호했다. 이 책은 어른들이 정해 놓은 교훈과 도덕의 틀 속에 아이를 가두려 하지 않고 아이 그 자체를 탐구하며 풀어 놓은 첫 번째 어린이책이었다. 미처 생각하기 전에 행동으로 들어가는 앨리스, 남을 배려하려고 애쓰면서도 너무나 솔직한 말이 튀어나와 본의 아니게 상처를 주는 앨리스, 은근히 으쓱대기도 잘하고 창피해하기도 잘하는 앨리스, 예의범절은 알지만 부당한 일에는 상대가 여왕이라도 따지는 앨리스, 내가 누구인지를 끊임없이 묻는 앨리스…….

앨리스는 그때까지의 어떤 책에서도 볼 수 없었던 생생하게 살아 있는 캐릭터였다. 그러면서도 복잡하고 미묘한 상징들을 풍성하게 갖고 있었다. 앨리스는 곧 자기 내면의 무의식과 환상 세계를 탐구하는 인물의 대명사가 되었다. 그리고 앨리스가 겪는 엉뚱하고 우스꽝스러운 사건들 안에는 당시의 사회와 교육과 법정과 왕족에 대한 날카로운 풍자와 비판이 펄펄 뛰고 있었다.

아이들은 앨리스에게 열광했지만, 쉽게 자신과 동일시하기에는 너무 깊이 있고 다층적인 인물이었다. 그래서 앨리스는 캐릭터 상품의 소재로 사랑받기보다는 오히려 끊임없는 학문적 탐구의 대상이 되고 있는지도 모른다. 언어, 심리, 논리, 문화 같은 많은 분야에서 앨리스는 아직도 무한한 광맥 노릇을 하고 있다. 루이스 캐럴이 처음에 붙였던 제목 '지하 나라의 앨리스'는 정말 시사적이다.

뜻은 있는지 모르겠지만 그다지 재미있는 것 같지는 않다고 하는 사람들도 있다. 그럴 법도 하다. 『이상한 나라의 앨리스』의 가장 큰 재미 중 하나는 말장난에 있기 때문이다. 앨리스처럼 재미있는 말장난이 가득한 책은 없을 것이다. tail(꼬리)과 tale(이야기), not(…않다)과 knot(매듭), axis(축)와 axes(도끼) 같은 동음이의어, cat(고양이)과 bat(방망이)처럼 발음이 비슷한 단어들을 이용한 언어유희가 곳곳에서 웃음을 불러일으킨다. 그뿐인가. 읽기, 쓰기, 덧셈, 곱셈 같은 영어 단어를 절묘하게 비틀어 끄집어낸, 발음은 비슷하지만 뜻은 전혀 엉뚱한 단어들을 보라. 그 단어들은 말 재미를 줄 뿐 아니라 학교 교육의 부정적 기능을 기가 막힐 정도로 적확하게 지적한다. 그런데 그 부정적 기능은 당시 영국뿐 아니라 지금 우리 교육 현실에 적용해도 무리가 없다. 루이스 캐럴은 그렇게 150년 전 영국과 오늘날의 한국을 만나게 해 준다.

나는 공중에서 서서히 사라지는 고양이를 보면서 앨리스가 중얼거리는 말이 가장 재미있었다. "I've often seen a cat without a grin, but a grin without a cat! ……" 이건 정말 번역이 곤란하다. "웃음 없는 고양이는 가끔 본 적이 있지만, 고양이 없는 웃음이라니! ……" 정도의 뜻이지만, 영어로 읽을 때의 재미가 우리말로 옮겨졌을 때는 그만큼 살아나지 않는다. 오죽하면 러시아에서 앨리스를 번역했던 작가가 "앨리스를 옮기는 것보다 차라리 영국을 옮기는 게 쉽다."고 했겠는가. 뜻만 그럭저럭 통하는 번역, 원작의 재미를 설명하기 위해

초판본에 실린 사라지는 고양이 그림(존 테니얼 그림)

숱한 각주를 달아야 하는 편집으로는 앨리스의 재미를 반도 알기 어렵다. 그래서 나는 앨리스에 관심 있어 하는 사람을 보면 영어 공부 삼아 원서를 읽어 보라는 제안을 잊지 않는다.

카프카를 앞서는 부조리 상황, 버지니아 울프를 앞서는 의식의 흐름 기법들, 『이상한 나라의 앨리스』는 현대 '어른' 문학의 선구로서도 중요한 자리에 있다는 평가를 받는다. 그러나 뭐니 뭐니 해도 앨리스는 어린이와 어린이문학의 숨통을 틔워 준 작품으로서 중요하고 소중하다. 아인슈타인의 자유낙하 이론을 수십 년 앞서 구상해 낼 정도로 천재적인 수학자였던 루이스 캐럴은 오직 한 가지, 자기 앞에서 눈을 반짝거리며 앉아 있는 세 아이를 교육과 교훈으로 짓누르지 않고 즐겁게 해주자는 목표로 이야기를 지어냈다. 그리고 역설적이게도 이 이야기는, 어린이문학사에서 가장 배울 것 많고 느낄 것 많은 명작이 되었다.

그러면 아이들을 위해 쓸 때 교육과 교훈은 집어던지라는 말이냐고? 얄팍한 재미 주는 데에만 급급하란 말이냐고? 아니, 그런 말이 아니다. 우선 어린이란 어떤 존재이고 문학이란 무엇인지를 깊이 깊이 이해해야 한다는 것이다. 그런 바탕 위에 세워진 재미라면 그 자체가 바로 인간과 사회와 인생에 대한 새로운 깨달음과 독창적 표현을 얻게 해주는 교육이 아니겠는가.

❖ 잃어버린 낙원

『곰돌이 푸우는 아무도 못 말려』
(앨런 알렉산더 밀른 지음, 조경숙 옮김, 길벗어린이)

곰 인형 위니 더 푸우는 꿀을 따오기 위해 파란 풍선을 타고 하늘로 올라간다. 아, 그 전에, 진흙탕 속에서 뒹굴어 온몸을 새까맣게 한다. 그러면 벌들이 자기를 파란 하늘 밑의 작은 먹구름으로 여기리라는 생각에서다. 그런데 벌들이 미심쩍어하는 눈치를 보이자 푸우는 친구인 크리스토퍼 로빈에게 우산을 가져오라고 부탁한다.

"안됐군. 음. 어쨌든 네가 나무 아래에서 우산을 펴고 왔다 갔다 하면서 '어쩌지? 비가 올 모양이군.' 하고 말해 봐. 그럼 나도 할 수 있는 데까지 해 볼게. 구름이 노래하는 것처럼 보이게 작은 구름 노래라도 불러 봐야지. 자아, 시작해!"♦

♦ 같은 책, 28쪽.

벌들을 속이려고 커다란 검은 우산을 들고 왔다 갔다 하는 단발머리의 사내아이, 풍선에 매달려 구름인 척하며 노래를 부르는 곰 인형을 한번 상상해 보자. 절로 웃지 않을 수 없을 것이다. 이 이야기는 영국의 어린이문학 역사에서 가장 천진난만하고, 단순하고, 재치 있고, 재미있는 동물들의 이야기인 『곰돌이 푸우는 아무도 못 말려』(1926)에 나오는 에피소드이다.

이 책의 작가인 앨런 알렉산더 밀른은 1882년 영국 런던에서 태어났다. 할아버지는 목사였고, 아버지는 작은 사립학교 교장이었다. 밀른은 아주 머리가 좋았고, 학교 성적도 뛰어났지만 내성적인 아이였다. 평생 친한 친구 하나 없었던 밀른에게는, 16개월 위인 형과 자기 아들인 크리스토퍼 로빈만이 가장 가까운 사람이었다. 그에게 아버지는 거의 신 같은 존재여서 자신도 아들에게 그런 아버지가 되려고 노력했다고 하는데, 어쩌면 아버지와의 그런 관계가 밀른에게는 평생 벗어날 수 없는 무거운 중압감으로 작용했을지도 모르겠다. 동화 작가로서 거둔 큰 성공과 달리 그의 삶은 그다지 행복하지 않았던 것 같다.

'위니 더 푸우'◆는 밀른의 아들인 크리스토퍼 로빈이 애지중지하던 곰 인형의 실제 이름이다. 이 부자는 동물원 구경을 자주 갔는데, 그곳에서 크리스토퍼 로빈이 가장 좋아했던 게 위니라

앨런 알렉산더 밀른

◆ 이 책의 원제가 『위니 더 푸우』이다. 출판사에서 곰 이름을 그냥 위니로 줄이자고 제안했지만 이 이름을 좋아했던 밀른은 단호히 거절했다고 한다.

는 곰이었다. 푸우는 연못에서 늘 보던 백조의 이름이었는데, 푸우 하고 불러서 백조가 오면 좋지만, 오지 않더라도, 네 이름을 부른 게 아니라 그냥 푸우 해 본 거야, 하고 딱 시치미를 뗄 수 있어서 그런 이름을 붙였다나? 그 둘이 합쳐져서 크리스토퍼 로빈의 곰 인형은 위니 더 푸우라는 복잡한 이름을 갖게 된 것이다.

밀른은 이 이야기를 학교에 들어갈 나이가 된 아들을 위해서 썼다. 이야기는 크리스토퍼 로빈이 곰 인형 위니 더 푸우를 질질 끌고 이 층 계단에서 내려오는 장면으로 시작한다. 푸우는 계단에 온몸을 쿵쿵쿵 부딪히며 거꾸로 끌려 내려오면서 뭔가 계단을 내려오는 다른 방법이 있으면 좋겠다고 생각한다. 크리스토퍼 로빈은 아빠에게 이야기를 하나 해 달라고 부탁하고, 아빠는 승낙한다.

옛날 옛날 먼 옛날에, 그래 봤자 지난 금요일쯤에 일어난 일이지만, 곰돌이 푸우는 숲속에 있는 샌더스라는 문패 밑에서 혼자 살고 있었더랬어.

("문패 밑이라뇨?" 크리스토퍼가 묻더구나.
"반짝이는 금빛 글씨로 샌더스라는 이름을 새긴 나무판이 대문 위에 걸려 있는, 그런 집에 살고 있다는 말이야."
그러자 크리스토퍼 로빈이,
"으응, 알아. 난 그냥 푸우가 무슨 말인지 잘 모를 것 같아서." 하고 핑계를 대는 거야. 그러자 옆에서 듣고 있던 푸우가 무시당하는 게 나쁘다는 듯,
"나도 안다. 알아."

♠

하고 으르렁댔어. 그래서 나는 얼른 "그럼 다음으로 넘어가자." 하고 얼버무려 버렸단다.)

어느 날, 어슬렁어슬렁 숲속을 거닐던 푸우는 숲 한가운데 있는 빈터에 이르게 되었어. 그 빈터 한가운데에는 커다란, 아주 아주 큼지막한 떡갈나무 한 그루가 있었지. 그런데 말이야, 그 떡갈나무 꼭대기에서 시끄럽게 웽웽 하는 소리가 나는 거야. 그래서 푸우는 나무뿌리에 털썩 주저앉아서 양쪽 앞다리로 턱을 괴고 생각하기 시작했어. 이렇게 중얼거리면서 말이야.
"저 웽웽 소리에는 뭔가 까닭이 있을 거야. 저런 웽웽 소리가 아무 이유 없이 그냥 날 리는 없거든. 웽웽 소리가 나는 것은 말이지, 누군가 웽웽 소리를 내기 때문이야. 그러면 어째서 웽웽 소리를 내는가 하면, 맞아! 저게 벌이기 때문이지!"◆

이 짧은 시작 부분만 보더라도 책의 전체적인 분위기가 어떨지는 금세 짐작할 수 있다. 커다란 눈을 깜빡이며 아빠의 이야기에 열심히 귀를 기울이다가 가끔 끼어들기도 하는 사내아이, 파이프를 손에 들고✢ 능청스러운 유머로 이야기를 풀어 놓는 아빠, 불만에 찬 목소리로 한마디씩 참견하는 듯 앉아 있는 곰 인형, 어떤 불만도 걱정도 없이 평화롭고, 유쾌하고, 사랑스러운 동물들과 아이의 세계가 펼쳐질 것이 자명하게 보인다.

◆ 같은 책. 14~16쪽.
✢ 밀른은 파이프를 거의 손에서 놓지 않을 정도로 담배를 좋아했다고 한다.

실제로 위니 더 푸우 이야기는 '잃어버린 파라다이스' 이야기이다. 이 책이 출판된 1926년은 제1차 세계대전(1914~1918) 이후 암울하고 어려웠던 시기였다. 어른들은 생계를 걱정해야 했고, 전쟁의 후유증과 엄청난 세금과 분노에 시달렸다. 어린 시절 누렸던 즐거움과 자유에 유난히 애착을 갖고 있었던 밀른은 곧 학교에 들어가야 하는 아들 로빈이 힘겨운 어른들의 세계에 발을 들여놓는다는 것이 가슴 아팠다. 그래서 아들의 어린 시절을 간직해주기 위해, 아니 어쩌면 자신의 어린 시절을 위해, 이 이야기를 썼다.

이 작은 동물들이 사는 작은 숲은 하나의 낙원이다. 모든 호기심과 바람은 금세 충족되고, 어려움과 난관은 아주 쉽게 해결된다. 악인이라고는 하나도 없고 모두들 평화롭고 사랑스럽기만 하다. 모두들 서로서로 아껴주고 사랑한다. 멍청이도 있고, 겁쟁이도 있고, 허풍선이도 있지만 아무도 다른 사람(동물)을 멸시하거나 놀리지 않는다.

푸우는 꿀이라면 정신을 못 차리는, 자칭 두뇌라고는 조금도 없는 멍청한 곰이다. 나무에 올라갔다 떨어지고, 풍선에서도 떨어지고,♦ 토끼 굴에 들어갔다가 꿀을 너무 많이 먹어 배가 뚱뚱해지는 바람에 일주일을 굴 입구에 끼여 있어야 한다. 그러나 푸우의 이 모든 재난은 아무런 괴로움도, 곤란도 주지 않는다. 오히려 모두들 이 새로운 경험을 즐긴다. 크리스토퍼 로빈은 푸우 앞에서 책을 읽어 주고, 토끼는 굴 안에 남아 있는 푸우의 뒷다리를 수건걸이로 쓴다. 게

♦ 풍선을 너무 오래 잡고 있어서 팔이 굳는 바람에 일주일 이상 팔을 내릴 수가 없다. 그래서 콧등에 파리가 앉으면 손으로 쫓는 대신 입으로 푸우 하고 불어야 했다나.

다가 푸우도 자신이 멍청하고 운이 없다는 것을 전혀 개의치 않으며, 언제나 즉흥시를 지어 흥얼거리는 낙천성을 발휘한다.

푸우 이야기에 나오는 모든 등장인물이 그렇다. 자기가 겁쟁이라는 사실에 언제나 괴로워하지만 용감해지기 위해서 어떤 노력도 아끼지 않는 꼬마 돼지 피글렛, 늘 우울하고 되는 일 하나도 없지만 친구들의 따뜻한 보살핌으로 곤경에서 벗어나고 기분이 나아지는 당나귀 이요는 모든 어린이가 자신과 동일시하면서 위로를 받을 수 있는 대표적인 캐릭터이다.

크리스토퍼 로빈은, 밀른의 아버지가 밀른에게 그랬던 것처럼, 또 밀른이 자기 아들에게 그렇게 비춰지고 싶어 했던 것처럼, 모든 동물 친구에게 전지전능한 존재이다. 아이들이 자신의 놀잇감과 인형들에게 그러는 것처럼. 위니 더 푸우도, 피글렛도, 이요도, 모르는 일이나 어려운 일이 있으면 크리스토퍼 로빈에게 달려간다. 크리스토퍼 로빈이라면 단박에 풀어주리라고 믿는 것이다. 그리고 사실 크리스토퍼 로빈은 뭐든지 척척 해결해 준다. 이 책을 읽으면서 나도 크리스토퍼 로빈처럼 되고 싶다는 생각을 한 번쯤 해 보지 않은 아이가 있을까? 나한테 혹은 다른 형제, 자매나 친구에게 푸우 같은 면이, 피글렛 같은 면이, 이요 같은 면이 있다고 느끼지 않은 아이가 있을까?

아이들을 좌절시킬지도 모르는 인간의 부정적인 측면이 이처럼 밝고 긍정적으로 그려진 이야기는 다시 없을 것이다. 그렇게 모자라고 우스꽝스러운 봉제 동물 인형들이 모여 살면서 세상에 둘도 없이 따뜻하고 재미있는 낙원을 가꾸어 가는 이 이야기가 100년 이상 온 세상 사람들의 마음을 사로잡아 온 것은 너무나 당연한 일이다. 구성상의 허점과 시작과 끝의 비일관성, 등장인물들에게서 내비치는 조야한 이기주의 때문에 비판을 받기도 하지만 이 천진난만하고 유머러스한 인형의 세계는 잃어버린 어린 시절을 그리워하는 어른들에게 영원한 마음의 고향이 될 것이다.

위니 더 푸우 이야기의 무대가 되는 숲속 동네는 밀른이 실제로 살았던 별장을 모델로 하고 있다. 서식스 지방의 애시다운 숲 가장자리에 있던 코지포드 농장이 그곳으로, 지금은 유명한 관광지가 되었다. 세계 곳곳에서 이곳을 찾아온 관광객들은 지도에 나온 푸우의 집, 피글렛의 집, 크리스토퍼 로빈의 집이 있던 자리를 찾아보고 다리 위에 서서 크리스토퍼 로빈과 동물들이 했던 푸스틱 놀이를 한다.◆

푸우 이야기에 나오는 동물 가운데 실제로 크리스토퍼 로빈이 가지고 있던 인형, 곰 위니 더 푸우, 돼지 피글렛, 당나귀 이요 그리고 캥거루인 캉가와 루, 호랑이 티거는 지금 미국에서 푸우 이야기를 내는 더든 출판사의 기념관에 전시되어 있다.✤ 푸우 이야기는 세계 여러 나라에서 번역되었으며, 디즈니 영화로도 제작되었고, 오케스트라 곡으로도 만들어졌다. 푸우를 비롯한 등장인물들은 찻잔에서부터 커튼에 이르기까지, 어린이용품은 물론 온갖 가정용품 캐릭터로 쓰이고 있다.

그러나 푸우의 상업적인 성공이 푸우와 그 친구들이 갖고 있는

◆ 다리 난간 한쪽에서 동시에 나뭇가지를 던지고는 뒤쪽으로 달려가 누구 나뭇가지가 먼저 흘러 내려오는지 보는, 아주 단순한 놀이이다.
✤ 토끼와 부엉이는 밀른의 상상에서 나왔다.

천진난만한 아이들의 세계, 사람들의 마음속에 있는 고향을 혹시 오염시키는 것은 아닌지 생각해 볼 일이다. 그 잃어버린 낙원을 또다시 잃어버리지 않도록, 푸우와 그 친구들을 지켜주는 것은 바로 우리 자신과 우리 아이들을 지키는 일이 될 것이다.

❖ 내 이름은 꼬마 혁명가

『내 이름은 삐삐 롱스타킹』
(아스트리드 린드그렌 지음, 햇살과나무꾼 옮김, 시공주니어)

『내 이름은 삐삐 롱스타킹』은 불온한 책이다. 첫 장부터 그렇다. 아홉 살짜리 여자아이가 아빠도 엄마도 없이 혼자 사는데, 차라리 그 편이 더 낫다는 것이다. 한참 노는데 들어가 자라고 말할 사람도 없고, 과자가 먹고 싶은데 간 기름을 먹으라고 하는 사람도 없기 때문이다. 아이 혼자서 자기 마음대로 사는 것을 용납 못 하는 경찰이 어린이집으로 보내기 위해 찾아오지만 이 맹랑한 여자아이는 힘도 엄청나게 세서 커다란 어른 둘을 지붕에 올려놓기도 하고 달랑 들어 밖에 내놓기도 한다. 그야말로 들었다 놨다 하며 농락한다. 커다란 가방에 가득 들어 있는 금화를 내키는 대로 뿌리며 마을의 사탕 가게를 싹쓸이하다시피 해서 아이들에게 사탕을 나누어 준다. 아이를 이런 무정부 상태에서 제멋대로 놀도록 놔두다니!

그런데 이 책은, 안데르센 상을 받고 노벨상 후보로까지 강력하게 추천받았던 작가인 아스트리드 린드그렌의 대표작이다. 이걸 어떻게 해석해야 하는가. 부모와 학교와 공권력을 거부하는 무정부주의자, 말을 번쩍 들어 올릴 정도로 센 힘을 휘두르며 둘레를 제압하는 마초맨, 얌전하고 힘없는 여자인 아니카와 선생을 함부로 대하는 반反페미니스트, 백인인 아버지가 '검둥이' 나라의 왕이라고 떠벌리는 인종차별주의자, 돈으로 아이들의 환심을 사서 자기를 열렬히 따르게 하는 자본주의자…….

삐삐에게는 이런 부정적인 혐의가 얼마든지 씌워질 수 있다. 1945년 스웨덴의 출판인들도 그랬듯이. 당시 이 책은 여러 출판사에서 거절당한 뒤 가까스로 세상에 나올 수 있었다고 한다. 그러나 반응은 폭발적이었고, 지금은 80여 개 나라에서 번역되어 8,000만 부 이상 팔리고 있으며, 박사 학위 논문들까지 나올 정도이다.

학자들의 평가에 따르면, 삐삐에게는 '반권위적인 성향'이 있다. 린드그렌은 수많은 한계와 제약 아래 있는 어린 독자들이, 환상 속에서라도 자신을 짓누르는 크고 작은 권위에 맞서서 자신들이 하고 싶은 대로 할 수 있게 해주려고 한 것이다. 20세기 초반 유럽을 지배했던 엄격한 교육 제도와 겉만 중시하는 숨 막히는 예절과 질서 체제에 반기를 든 이단아. 어른들의 지휘를 받지 않는 세상을 선포하고 나선 혁명가. 삐삐는 그런 존재였다. 삐삐가 사는 뒤죽박죽 별장은 경찰도 어찌할 수 없는 혁명의 기지이고, 도둑도 침입하지 못하는 안전한 성채이자, 하고 싶은 일은 뭐든지 할 수 있고 필요한 물건은 뭐든지 찾아낼 수 있는 천국 같은 곳이었다.

삐삐가 그런 혁명을 이루는 무기는 힘과 돈, 그리고 무엇보다도 말(언어)이다. 앞에서 말했듯 삐삐가 휘두르는 힘과 돈은 삐삐에게 부정적 혐의를 씌우는 데 큰 몫을 한다. 그러나 삐삐가 언제 힘을 쓰고 돈을 쓰는지 가만히 살펴보자. 힘에는 힘이다. 자기를 잡으러 온 경찰, 약한 아이를 못살게 구는 난폭한 큰 아이들, 아이만 보면 달려드는 황소, 돈을 훔치려 드는 도둑, 자신의 일사불란한 프로그램이 흐트러지는 것을 못 참는 서커스 단장……. 삐삐는 그 힘을 언제 누구에게 써야 하는지 잘 알고 있다. 내키는 대로 휘두르는 것이 아니라 잘 절제되고 통제된 내면에서 나오는 그 힘은, 그렇기 때문에 단순한 폭력이 아닌 혁명으로 이어질 수 있는 것이다.

돈은 삐삐에게 놀잇감에 지나지 않는다. 금화는 가방에 하나 가득 들어 있다는 언급만 있을 뿐, 구체적인 출처나 용도는 밝혀지지 않는다. 삐삐가 돈으로 하는 일은 전부터 가지고 싶었던 말 한 마리와 서커스 입장권을 산 것뿐이다. 아이들이나 선생님에게 주는 선물이나 먹을 것을 사는 데도 돈은 썼겠지만 그에 대한 진술은 없다. 중요한 것은 선물과 먹을 것이지 돈이 아니기 때문이다. 돈을 훔치러 들어온 도둑들을 제압한 뒤 삐삐가 취하는 조치는 신고해서 감옥에 보내는 것이 아니라, 빚을 물어 음악을 연주하게 하고 폴카를 추게 하는 장난이다.

그러나 무엇보다도 삐삐를 성공한 혁명가로 만드는 것은, '가공할 만하다'는 평가를 받는 언어의 힘이다. 삐삐는 언어의 마술사이다. 어떤 처지에 놓이든지 그것을 과장하고, 조롱하고, 우스꽝스럽게 해 버리고, 엉뚱하게 뒤집고, 비틀고, 새로운 상황이 되게 하는 말

♠

솜씨는 정말 현란하기 짝이 없다. 토마스와 아니카에게 하는 말, "너희들이 만일 집에 돌아가면 내일도 여기에 올 수 있어. 하지만 집에 돌아가지 않으면 여기 다시 올 수 없을 거야. 그러니까 내일 또 와야 해." 같은 말은 삐삐가 종횡무진 내뱉는 재미있는 궤변의 한 보기이다. 수학 공부 시간에 선생님의 질문에 이렇게 끼어드는 건, 요즘 식으로 말하자면 '통합 교육'의 선구가 아닐까?

"토미가 대답해 볼래? 리자한테 사과 일곱 개가 있고 악셀한테 사과 아홉 개가 있어. 리자와 악셀의 사과를 합하면 몇 개일까?"
삐삐가 말을 가로막았다.
"그래, 토미. 대답해 봐. 그리고 이것도 대답해 줘. 리자가 배가 아픈데 악셀은 더 배가 아파. 그럼 그건 누구 잘못이야? 그리고 걔들은 사과가 어디서 났을까?"
선생님은 삐삐의 말을 무시하고 고개를 돌려 아니카를 보았다.
"자, 아니카, 너한테 문제를 낼게. 구스타프가 같은 반 친구들이랑 소풍을 갔어. 구스타프는 소풍 갈 때 1크로나♦가 있었는데, 집에 돌아와 보니 7외레가 남아 있었어. 구스타프는 얼마를 썼을까?"
삐삐가 또 끼어들었다.
"그래 맞아, 나도 알고 싶어. 구스타프는 왜 그렇게 돈을 펑펑 쓰고 다니지? 구스타프는 탄산음료를 사 먹었을까? 또 집에서 나오기 전에 귀는 잘 씻었을까?"

♦ 스웨덴의 화폐 단위. 1크로나는 100외레.

선생님은 수학 수업을 포기하기로 했다.◆

또 귀의 크기에 대한 화제에서 삐삐는 이렇게 말한다.

"난 상하이에서 어떤 중국 사람을 봤어. 그 사람 귀는 어찌나 큰지 망토로 쓸 수도 있었어. 비가 오면 그 사람은 자기 귀 아래로 기어 들어 갔는데, 정말 따뜻하고 아늑하대. 당연히 귀는 비를 맞으니까 그렇게 좋지는 않았겠지. 날이 궂으면 그 사람은 친구들을 불러서 자기 귀 아래에서 비를 피하게 해주었어. 비가 쏟아지는 동안 친구들은 그 사람의 귀 아래에 앉아서 슬픈 노래를 불렀지. 친구들은 귀 때문에 그 사람을 무척 좋아했어."✦

금화를 훔치러 왔다가 들킨 도둑들이 "시간이 어떻게 됐나 궁금해서……" 하고 얼버무리자 삐삐는 이런 말장난으로 대꾸한다. "시간이 어떻게 되긴 어떻게 돼요? 똑딱거리면서 잘 가고 있죠. 아무리 그래도 문간까지는 못 갈 거예요." 그리고 또 파티에 모여 하녀들 흉을 보는 귀부인들에게 마린이라는 가공의 하녀를 내세워 들려주는 좌충우돌 말썽 이야기는 그들의 위선을 비웃는 통렬한 풍자이다. 또 고슴도치라는 동물과 막대기 위의 동그라미✧ 사이의 상관관계를 묻는 물음은 훌륭한 기호학 입문이기도 하다.

◆ 같은 책, 65~66쪽.
✦ 같은 책, 79쪽.
✧ 스웨덴어로 고슴도치igelkott의 i 글자를 가지고 하는 말놀이

아이들에게 심리적으로 모든 제한과 경계를 넘는 힘을 준다는 삐삐의 이야기는 얼핏 보기에는 자유와 방종, 새롭고 의미 깊은 언어와 방만한 말장난 사이에 위태롭게 서 있는 것 같다. 그런데 이 작품의 매력은 바로 거기, '경계 위에서 놀기'이다. 그리고 작가와 삐삐는 그 위태로운 놀이를 한껏 즐기고 있다. 파란 천과 빨간 천 조각을 꿰매 붙인 옷을 입은 삐삐가 한쪽에는 밤색 양말, 다른 한쪽에는 까만색 양말을 신고, 한쪽 발로는 포석 위를, 또 한쪽 발로는 길옆 도랑을 밟고 걸어가는 것처럼, 이 이야기는 어른과 아이의 경계, 거짓말과 참말의 경계, 현실과 환상의 경계를 뒤뚱뒤뚱 넘나든다. 그 경계 위에서 불평하지 않고, 넘어지지 않고, 날씬하게 균형을 잡으며 삐삐와 함께 즐기는 놀이에 독자들은 신나게 뛰어들 수 있다. 그리고 그 놀이를 즐기는 능력은 아무래도 어른보다는 아이들에게 더 많은 것 같다.

어른들은 아이들에게 이 책을 읽혔다가 삐삐처럼 권위를 무시하고 제멋대로 굴까 봐 늘 걱정이다. 하지만 너도 삐삐처럼 되고 싶으냐는 린드그렌의 질문에 한 여자아이는 이렇게 대답했다고 한다.

"아뇨, 하지만 삐삐 같은 친구가 있으면 좋겠어요!"

❖ 어린이의 지성과 어른의 환상

나니아 연대기
(C. S. 루이스 지음, 햇살과나무꾼 옮김, 시공주니어)

C. S. 루이스를 그저 『사자와 마녀와 옷장』을 위시한 나니아 연대기의 작가로만 알고 있던 나는 앤서니 홉킨스가 루이스 역을 맡았던 영화 〈섀도우랜드〉(1993)를 보면서 그를 다시 생각하게 되었다. 자세한 대사는 기억나지 않지만, 어떤 강연에서 고뇌에 찬 얼굴을 보여주면서 고통에 관한 기독교적 메시지를 아주 쉬운 말로, 그러나 심도 있게 전달하는 장면이 유난히 내 가슴을 쳤던 것이다. 그런 뒤 나는 루이스가 동화 작가이기 이전에 뛰어난 영문학자이자 종교 사상가였으며 완벽하고 적절한 문체로 글을 썼던 문장가였다는 것을 알게 되었다. 신자로 교육받으며 자라났지만 청소년기부터 무신론에 빠져 있다가 30세 무렵 극적으로 마음을 고쳐먹은 루이스는 에세이와 사이언스 픽션을 비롯한 소설, 동화에 이르기까지 자신의 종교관

을 독창적인 방식으로 피력한다. 『사자와 마녀와 옷장』을 비롯한 일곱 권의 나니아 연대기를 제대로 읽는 방법은, 그 안에서 기독교적인 세계관과 모티프를 발견하고 그것이 다른 요소들과 엮이는 행로를 따라가는 일일 것이다.

〈섀도우랜드〉에서 또 하나 인상적이었던 장면이 있다. 루이스가 동화를 썼다는 것을 알게 된 케임브리지 대학의 동료 교수들이 늙은 독신남인 그를 둘러싸고 놀려 댄다.

"동화라니! 대체 자네가 어린이를 하나나 알기나 하나?"

루이스는 눈 하나 깜짝 안 하고 능청스럽게 받아넘긴다.

"최소한 둘은 알지. 나하고 우리 형."

루이스보다 세 살 위였던 형은 어린 시절부터 평생 동반자였을 뿐만 아니라 환상 세계의 동반자이기도 했다. 어린 형제는 벨파스트의 큰 집에서 왕성하게 책을 읽으며 동물의 나라와 인도라는 나라를 상상하고 그 상상을 글과 그림으로 옮기곤 했다. 루이스는 중학교 때 몸이 아파 쉰 적이 있는데 그때도 북구, 지중해의 신화와 동화에 흠뻑 빠져 있었다. 그의 놀라운 상상력은 이렇게 어린 시절부터 충분한 양분을 받고 자랐다. 그 어린 시절을 잊지 않고 자기 안에 어린애를 간직했던 루이스는 '진정한 어린아이의 지성'을 지닌 사람이었고, '모든 사람이 순수함에 대해서 말하지만 정작 순수함이란 거의 존재하지 않는 이 세상에서 순수한 사람의 표본'이었다.

루이스와 그의 동화에 관해 말할 때 빼놓을 수 없는 사람이 J. R. R. 톨킨이다. 옥스퍼드 대학 시절 동료였던 톨킨은 루이스가 기독교로 돌아오게 하는 데 결정적인 영향을 미친 것으로 알려져 있다. 루이스는 톨킨이 쓰고 있던 『반지의 제왕』에 열광하고 있었으며 톨킨이 그 장엄한 판타지를 끝마치는 데에는 루이스의 관심과 격려가 큰 몫을 했다고 한다.

　루이스는 톨킨을 격려하는 데 그치지 않고 자신도 판타지를 쓰기 시작했는데, 그것이 바로 나니아 연대기의 첫 작품인 『사자와 마녀와 옷장』이다. 마음을 조이며 건네준 원고를 읽은 톨킨의 반응이 그다지 신통치 않아 루이스는 적잖이 낙담했다고 한다. 그러나 어른 문학에서 『반지의 제왕』으로 시작된 하이 판타지의 전통이 어린이 문학에서는 루이스의 나니아 연대기에서 비롯되는 것으로 평가된다. 루이스가 뚜렷하게 제시해 놓은 2차 세계에서 벌어지는 선과 악의 치열한 대결이라는 구도는 매들렌 렝글, 수잔 쿠퍼, 어슐러 르 귄의 판타지로 이어진다.

　나니아 연대기는 반지의 제왕 시리즈에 견주면 좀 더 설교적으로 보일 수도 있다. 원래 첫 작품인 『사자와 마녀와 옷장』에서만 해도 루이스는 아이들에게 어린 시절의 환상을 배경으로 한 그저 재미있는 이야기를 들려주려고 했다. 재미있는 이야기 들려주기. 그것은 루이스가 나니아 연대기를 쓴 첫 번째 목적이었다. 그는 어려서 읽었던 책과 꾸었던 꿈에 남아 있던 흥미로운 모티프들을 살려내고 싶어 했다. 사자는 루이스가 어린 시절 거듭 꾸었던 무서운 꿈에 나오는 동물이었고, 한 손에 짐을, 다른 손에 우산을 들고 눈 덮인 숲속을 걸어가는 파우누스는 어렸을 때 그림에서 본 장면이었다고 한다.

　그러나 권이 거듭되면서 루이스는 '사물의 기독교적 존재 방식에 대한 유추'를 보여주고 싶어 했다. 만일 나니아 같은 나라가 있다

♠

면 거기서 예수는 어떤 모습일까, 그는 어떻게 자신을 희생 제물로 바칠 것이며 어떻게 부활할 것인가를 그리는 것이 그의 목표가 되었다. 그리하여 사자 아슬란은 명백한 그리스도의 표상이 되었다. 나니아 나라로 간 아이들이 그곳에서 보고 듣고 겪는 사건들은 기독교적 상징으로 읽을 수 있다. 사자 아슬란의 죽음과 부활을 비롯하여 아슬란이 세상을 창조하는 장면, 마녀 제이디스가 디고리에게 아름다운 정원에서 사과를 따 먹도록 유혹하는 장면, 끈질기게 되살아나 아슬란의 백성을 유혹하고 전쟁으로 끌어내는 악의 세력, 아슬란의 발자국에서 솟아나는 물, 영원하고 유일한 생명수에 대한 비유들……. 나니아 연대기에는 명백한 모티프에서부터 희미한 암시에 이르기까지 기독교적 코드가 많다.

그러나 기독교적 코드만이 전부였다면, 그리고 그것이 전면에 나섰다면, 이 책은 그저 알레고리로만 머물렀을 것이다. 그러기에는 너무나 풍요롭고 광대하며 생생한 환상의 나라가 나니아에는 펼쳐진다. 반지의 제왕에는 미치지 못하더라도 그 외에는 달리 견줄 영역이 없는 상상의 나라와 인물을 루이스는 창조해 냈다. 그 안에는 북구와 남구의 온갖 신화의 조각이 들어 있고, 아시아 풍 이야기와 중세 이야기의 경향도 보이며, 루이스가 어려서부터 늘 읽었던 안데르센, 에디스 네스빗, 조지 맥도널드, 루이스 캐럴 같은 작가들의 영향이 녹아 있다. 그리고 그는 후세 동화 작가들에게 가장 큰 영향을 끼친 작가 중 한 사람이 되었다. 가까운 예로, 캐서린 패터슨의 뉴베리 상 수상작인 『비밀의 숲 테라비시아』(1977)에는 나니아 연대기를 읽고 자신들만의 상상의 왕국을 세우려는 두 아이가 나온다. 테라비시아라는 이름도 나니아에 나오는 테레빈시아의 변형이며, 주인공이 죽는, 당시로서는 동화답지 않은 결말도 아이들 넷이 모두 기차 사고로 죽는 나니아의 결말과 맥을 같이 한다.

　루이스가 이런 기독교와 각종 신화의 모티프를 끌어들여 다른 동화적 소재들과 함께 버무린 동화를 쓴 까닭은, 아마도 독자들이 기독교와 신화 세계의 원리에 지나치게 얽매이는 것을 바라지 않았기 때문이었을 것이다. 톨킨은 나니아 이야기가 너무 알레고리적이라며 비평했다지만, 루이스는 오히려 이 이야기에서 성경적인 분위기를 흐리게 하려고 애를 썼다. 아슬란의 행적이나 새롭게 창조된 나니아 나라에 악이 들어오게 된 배경 같은 것들은 신학적 관점으로 설명하기 어렵거나 모순되는 것처럼 보이기도 한다.

　예를 들면, 나니아 연대기의 첫 번째 책인 『사자와 마녀와 옷장』에서 아슬란은 불쑥 나타나서 충분한 개연성 없이, 남을 위해 대신 죽음을 맞는다. 아슬란이 예수의 표상이라는 것을 아는 독자들도 그 죽음에 대해서는 어리둥절해진다. 그런데 감동은 그렇게 독자들이 어리둥절하고 방심한 틈을 타서 일어난다. "실제 복음서를 읽으면 우리가 어떻게 느껴야만 한다는 선험적인 지식 때문에 오히려 감동을 받지 못하는 경우가 종종 있다"는 것이 루이스의 생각이었다. 명백하면서도 혼돈스러운 이야기, 뭔가 빈 듯하다가 갑자기 모든 일이 터지는 이야기. 그 모순을 통해 루이스는 오히려 우리가 사는 세계와 우주와 나니아 나라 자체를 더 잘 설명해주고 있다. 그 세계들의 원리는 단순하고 명백하지만, 현상은 그렇게 간단하지 않다. 그 복합적인 상황을 루이스는 풍요로운 환상을 통해 독자에게 인상 깊게

들려준다.

　이 작품들을 매력적으로 만드는 또 하나의 요인은, 시시때때로 나오는 유머 감각에 있다. 『말과 소년』(1954)에서 아슬란이 난폭하고 비열한 라바다슈 왕자를 당나귀로 만들어 버리는 장면, 『마법사의 조카』(1955)에서 기절한 앤드루 삼촌을 놓고 동물들이 이것이 식물인지 동물인지 광물인지 서로 입씨름하다가 나무로 단정하고 땅에 심어 놓은 뒤,♠ 이 축 처진 나무를 살리기 위해 코끼리가 물을 열심히 길어 뿌려주는 장면,✚ "좀 더 편하게 싸움을 계속하려고 결혼을 했다"는 유머러스한 대목들을 통해 루이스는 자신의 메시지에 독자가 무감각하게, 또 맹목적으로 빠져드는 것을 막는다. 객관적인 거리감을 두게 하는 것이다.

　장렬한 서사적 사건과 엄숙하고 무게 있는 기독교적 메시지에

♠ 어느 쪽이 뿌리인지 또다시 입씨름이 벌어진다. 무성한 머리카락 부분이 뿌리일 거라는 판단도 있지만, 다행히 흙이 많이 묻은 두 갈래 부분 쪽이 뿌리일 거라는 생각이 우세해 다리를 심는다.
✚ 그 노력 덕분에 '나무'는 다시 꼿꼿이 살아난다.

끼어드는 우스꽝스러운 코미디와 가벼운 풍자들을 보면 우리는 루이스가 얼마나 경직된 자기 몰입을 경계했는지 알 수 있다. 지옥을 "모든 사람이 끊임없이 자신의 위엄과 진보에 관심을 쏟으며, 모든 사람이 불만을 가지고 있"는 곳으로, "모든 사람이 죽을 듯한 질투와 자기 사랑 그리고 분노에 사로잡혀 사는 곳"으로 보았던 그는, 지옥에서 결코 볼 수 없는 것으로 유머를 들었다. 유머 감각은 자기를 비웃을 수 있는 마음과 자신을 객관적으로 볼 수 있는 균형과 능력에서 생겨난다. 과연, 나니아를 지옥 같은 곳으로 만들고 싶어 하는 마녀와 침략자들에게는 하늘을 찌르는 자만심과 분노 외에 다른 것이 없다. 반대로 나니아를 지켜나가는 인물들 둘레에서는, 토끼와 고슴도치 같은 작은 동물에서부터 아슬란에 이르기까지 경쾌한 유머와 장난이 맴돈다.

　무엇보다 전체 이야기를 이끌어 가는 도중에 끊임없이 뛰어들어 간섭을 하고, 군더더기 같은 해석을 달고, 어깃장을 놓기도 하는 화자의 말투가 장난스럽다. 자칫하면 자신이 창조한 세계의 진실성을 훼손시키는 것처럼 보일 수도 있는 이 장난기는, 말년의 루이스가 혼신의 힘을 다해 피력한 변신론조차 스스로 거리를 두고 객관으로 보고자 하는 균형 감각에서 나온 것으로 이해할 수 있을 것이다. 덕분에 나니아 연대기는 아이들에게 버거운 기독교 알레고리가 아니라 풍성하고 재미있는 환상의 세계가 될 수 있었다.

　동화, 더구나 판타지가 현실을 왜곡시키고 현실에서 도피하게 한다는 비난을 던지는 사람들을 향해 루이스는 강력한 판타지 옹호론을 펼친다. "동화는 신화처럼 이상적인 세계에 대한 갈망을 불러

일으키고, 다른 한편으로는 실제 세계에 대한 새로운 차원의 깊이를 제공해 준다."는 것이다. 우리 눈에 보이는 것만이 현실은 아니라는 것을 깨닫게 해주고, 우리가 사는 세상에 대한 통찰과 의미 부여를 가능하게 해주고, 보이지 않는 세상을 볼 줄 알고 그 두 세상 사이의 균형을 잡을 수 있게 해주는 것이 바로 상상력임을 루이스는 우리에게 가르쳐 준다. 실재란 과연 무엇인가. 아이들에게, 너희가 가지고 있는 실재의 개념은 단지 꿈일 뿐이라고 마술을 거는 마녀를 향해 퍼들글럼이 하는 연설은 바로 루이스가 경직된 현실주의자들에게 해주고 싶은 말이었을 것이다.

> "당신이 옳다면 우리는 그저 장난이나 꾸며 대는 철부지 애들에 불과하오. 그렇더라도, 우리가 만든 가짜 세계가 당신의 진짜 세계보다 낫단 말이오. 그렇기 때문에 난 가짜 세계 편에 있겠소. 설령 우리를 이끌어 주는 아슬란 님이 존재하지 않는다 해도, 난 아슬란 님 편에 서겠소. 설령 나니아가 존재하지 않는다 해도, 난 나니아인답게 살기 위해 노력하겠단 말이오."♠

♠ 『은의자』(햇살과나무꾼 옮김, 비룡소, 2019), 219쪽.

❖ 죽어가는 아이들을 위해

『샬롯의 거미줄』
(E. B. 화이트 지음, 김화곤 옮김, 시공주니어)

　1986년 가을, 아이오와 대학에서 석 달간 머무를 때였다. 대학 도서관에서 찾아낸 어린이문학 이론서를 이것저것 뒤적이는데, 『샬롯의 거미줄』이 자주 눈에 띄었다. 제목도, 글쓴이도 들어 본 적이 없던 이름이었다. 나는 헌책방에 가서, 그리 상태가 나쁘지 않은 그 책을 1달러 50센트에 사고는 후르르 책장을 넘기면서, 그림이 괜찮군, 하고 밀어 두었다.

　며칠 뒤 나는 뉴욕 타임스가 지난 50년간 가장 중요한 책을 해마다 한 권씩 선정한 목록을 보게 되었다. 『아메리카의 비극』, 『분노의 포도』, 『호밀밭의 파수꾼』, 『노인과 바다』같은, 뭐가 뭔지도 잘 모르는 중학교 시절부터 명작으로 배워 왔던 책 제목이 올라와 있었는데, 놀랍게도 그 가운데 『샬롯의 거미줄』이 끼어 있었다. 조그만

동화책 한 권이 헤밍웨이, 포크너, 샐린저, 스타인백과 같은 반열에 올라와 있다니!

　나는 당장 그 책을 집어 들고 읽기 시작했다. 농장 주인의 딸인 펀은 시원찮은 새끼 돼지 윌버를 아빠의 도끼에서 가까스로 구해 낸 뒤 정성스럽게 키운다. 하지만 조만간 윌버는 베이컨과 소시지로 변할 신세. 자기의 운명을 알게 된 윌버는 절망하고 낙담한다. 이때 나타난 것이 바로 암거미 샬롯으로, 마술 같은 솜씨를 부려 윌버의 목숨을 구해 준 뒤, 자신은 수많은 알을 낳고 숨을 거둔다. 샬롯의 알들을 소중히 돌보는 윌버는 이듬해 봄, 알에서 수많은 새끼 거미들이 태어나 날아가는 것을 본다.

　이 책이 뉴욕 타임스가 선정한 올해의 책에 동화책으로서는 유일하게 오르게 된 까닭은 너무나 많아서 이 자리에 일일이 들 수는 없지만, 나는 두 가지 점을 지적하고 싶다. 하나는 삶과 죽음의 문제를 자연주의적이면서 동시에 낭만주의적인 시각이 복합된 태도로 다루었다는 것이다. 다시 말하자면, 결국에는 죽어야만 하는 모든 생물의 운명을 냉정하게 지적하면서 지극히 사실적으로 묘사하고 있지만, 그러면서도 죽음이 갖는 가치, 죽음을 넘어서는 영원한 생명에 대해서 말해주고 있다는 것이다. 아주 실존적이면서 형이상학적인 주제인 것 같지만, 그 주제를 지극히 동화다운, 단순하면서도 선명하게, 따뜻하고 희망에 찬 방법으로 살려내고 있다는 것이 이 책의 가장 큰 미덕이 아닐까.

　그래서인지 미국에서『샬롯의 거미줄』은 병상에 있는 아이들이 가장 많이 읽는 책으로 알려져 있다.『죽어가는 아이들의 사적인 세계The Private World of Dying Children』(마이라 블루본드-랭너, 1978)라는 책을 보면 어린이 병원의 백혈병 말기 아이들이 이 책을 되풀이해 읽고, 자기가 죽을 때 샬롯이 죽는 장면을 읽어 달라고 부탁한다는 것이다. 죽음의 의미, 그것과 맞설 용기, 위안을 이 책이 다른 어떤 매체보다 확실히 주고 있기 때문이다.

어린아이들에게 죽음에 대해서 구체적으로 이야기하면 오히려 공포심을 조장하게 된다는 의견이 있을지도 모른다. 그러나 죽음은 삶의 한 부분일 뿐 아니라 그 종착점이기도 하며, 살아 왔던 모든 날들에 대한 정리와 의미 부여라는 차원에서 부단히 생각하고 준비해야 할 주제이다. 진지하고 엄숙하게 죽음에 대해서 생각할 때 우리의 삶에는 무게가 실릴 수 있고, 살아가는 한순간 한순간이 풍요로울 수 있지 않을까.

이 책의 또 다른 미덕은, 바로 그런 삶의 순간들을 미세하게, 생생하게 붙잡아 살려냈다는 점이다. 공허한 관념과 비유의 세계가 아니라 삶의 현장에서, 기름처럼 번질거리는 수사의 세례가 아니라 싱싱하게 퍼덕이는 생활 속의 언어에서, 온갖 다양한 성격의 동물과 인간들에서 작가는 삶과 죽음의 파노라마를 실감 나게 펼쳐 간다. 후각, 촉각, 청각, 시각 같은 온몸의 감각을 일깨워 내는 묘사들을 눈여겨보시기 바란다. 동화를 쓰는 사람이면 훌륭한 교과서로 삼을 만하다. 그림책 작가로도 이름이 나 있는 가스 윌리암스의 일러스트를 보는 재미도 상당하다.

❖ 시간이란 무엇인가

『한밤중 톰의 정원에서』
(필리파 피어스 지음, 김석희 옮김, 시공주니어)

2000년을 맞이하던 때 온 인류는 한껏 흥분했었다. 새 천 년, 밀레니엄 운운하는 소리가 들리지 않는 날이 하루도 없을 정도였다. 수억, 수십억 년 전, 아니 언제인지도 모를 때부터 우주는 있었고 시간은 흘러왔을 터인데, 인간이 시간을 나누고 숫자를 매기고 이름 붙이기 시작한 지 고작 2000년밖에 안 된 시점이 그토록 떠들썩했다.

그런 소란은 인위적인 시간 개념이 인간 생활에 얼마나 깊이 뿌리박혀 있는지, 얼마나 큰 영향을 미치는지 새삼 깨닫게 했다. 어제와 전혀 다를 것 없는 오늘인데도 1999년 12월 31일과 2000년 1월 1일 사이에는 엄청난 심리적 거리감이 생겼다. 과장하자면, 자정을 넘어가는 사이의 1초가 천 년과 맞먹게 되는 것이었다. 과연 시간이란 무엇인가. 인간은 시간을 어떻게 쓸 수 있는가. 서기 2000년을 맞으면서 생각해 본 문제였다.

시간문제를 진지하면서도 재미있게, 독특하게 다루고 있는 필리파 피어스의 『한밤중 톰의 정원에서』는 그때 아주 쓸모 있는 재료였다. 이 책은 영국의 대표적 판타지 작품으로 손꼽힌다. 루이스나 톨킨의 작품처럼 2차 세계가 등장하고, 선과 악 사이의 처절한 운명적 전투가 벌어지고, 기이한 캐릭터가 등장해 마술 도구를 쓰는 이야기만 판타지로 이해하는 독자는 『한밤중 톰의 정원에서』을 판타지로, 그것도 대표적 판타지로 본다는 사실에 좀 놀랄지도 모르겠다. 이 작품에는 어떤 마술적 세계도, 인물도, 도구도 등장하지 않기 때문이다. 아주 평범한 현실적인 배경에서 현실적인 인물들이 벌이는 일상적인 일들만 나오는데, 그 현실을 지극한 판타지로 바꾸어 놓는 것은, 바로 시간이다.

영국의 어느 작은 도시, 톰은 동생이 앓는 홍역이 전염될까 봐 이모 집으로 가 있게 된다. 다닥다닥 붙어 있는 집 안의 방에 붙박이게 된 톰은 혹시라도 다른 사람에게 홍역을 옮길까 봐 우유 배달부에게 문 열어주는 일조차 금지된 채 지루해 어쩔 줄을 모르면서 시간을 보낸다.

시간! 이야기는 이렇게 처음부터 시간에 초점을 맞춘다. 정확하게 말하자면, 시계에 초점을 맞춘다. 인간이 시간을 의식하고 다스리는, 혹은 다스림을 받는, 현상의 표상이 시계 아닌가. 초반부, 톰이 처음 도착한 이모 집을 꼼꼼하게 묘사하는 장면에서부터 이에 대한 암시가 강하게 드러난다. "……그러니까 나들문은 그 집 심장부에 자리 잡고 있는 셈이었다. 그 심장은 텅 비어 있었고, 썰렁했고, 죽어 있었다." 그 죽은 집에서 그나마 공허하게라도 울리고 있던 "이모의 말소리가 잠시 그쳤을 때, 어디선가 끊임없이 소리가 들렸다. 똑딱, 똑딱, 똑딱 ······ 커다란 괘종시계 소리였다." 시계의 규칙적인 똑딱 소리는 바로 심장의 박동 소리이다. 죽어 있던 그 집에 생명을 불어넣어 주는 것은 바로 시계, 그러니까 시간인 것이다.

그 시간은 인간의 고정관념 안에 들어 있는 단선적이고 분절된, 기계적인 것이 아니라 제멋대로 왔다 갔다 하고, 없는 시간까지 만들어내는 '엉터리' 시간이다. 그러나 그 엉터리 시계는 당당하고 박력 있게 종을 친다. 인간이 정한 틀 속의 시간이 아니라, 고유의 생명력을 지닌 당당한 시간은 그리하여 놀라운 환상을 만들어 낸다. 한밤중 시계가 열세 번 치는 소리를 들은 톰은 아래층으로 내려가고, 뒤뜰에서 마술처럼 홀연히 나타난, 낮에는 볼 수 없었던 풍성한 정원을 발견하는 것이다. 밤과 낮, 다세대 주택의 쓰레기통이 뒹구는 뒤뜰과 풍성한 정원 사이에서 혼란스러워하던 톰은 곧 이 변화를 받아들이고 새로운 세계에서의 모험을 즐기게 된다. 부모를 잃어 친척 집에서 구박받으며 살던 어린 소녀 해티와 친구가 되고, 해티와 정원사 외의 다른 사람들 눈에는 모습이 보이지 않는 투명 인간 상태를 즐기고, 벽이나 문 사이를 뚫고 지나가는 초능력을 발휘하기도 하고, 그러는 중에 해티는 점점 자라 결혼까지 하게 되지만 톰은 여전히 잠옷 바람에 슬리퍼를 신은 소년으로 남아 있다. 그리고 집으로 돌아가기 전날 밤, 달려 나간 톰 앞에는 정원 대신 꽉 막힌 차가운 뒷마당이 가로막혀 있을 뿐이다.

서로 다른 두 시간대의 현실이 어긋나고, 교차하고, 상대적으로 진행되면서 만들어지는 이 환상의 무대는, 이제는 꼬부랑 할머니가 된 해티와 어린 톰의 우정 어린 포옹 장면을 이모가 유머러스하게 전하면서 막을 내린다. "톰이 바솔로뮤 부인을 조그만 소녀라도 되는 것처럼 두 팔로 껴안으며 작별 인사를 하더라구요."

톰과 바솔로뮤 부인의 포옹은 바로 현재의 시간과 과거의 시간, 현실의 시간과 환상의 시간 사이의 포옹이다. 이모는 그 광경을 남편에게 설명하느라 애를 먹는다. 이모부도 그 일을 이해하는 데 애를 먹을 것이다. 그들에게 있어 시간에 대한 의문은 괴상한 질문, 일관성이 없고 진지하지 않은 질문일 것이다. 왜냐면 시간에 맞춰 움직이는 질서, 그 질서를 어기는 일은 곧 자연법칙에 어긋나는 일이기 때문이다. 그렇게 합리적이고 진지한 어른들에게 이런 환상의 무대는 나타나지 않는다.

환상이 가능했던 것은 '자유로운 한 시간'을 너무나 원했던 톰의 열망과, '과거를 추억하기도 하고 과거를 꿈꾸기도 하면서' 대부분의 시간을 과거 속에서 보내고 있던 바솔로뮤 부인의 추억 덕분이다. 시간의 자유로운 이동과 뒤틀림은 그 두 힘의 포옹에서 나온 것이다. 그리고 그 모든 과정을 일관되게 떠받치고 있는 힘의 축은 시간에 대한 남다른 인식과 자유로운 의문이다.

그런 의문과 인식은 톰으로 하여금 합리적인 시간 개념으로는 존재하지 않는 시간을 이 지상에 창조하도록 한다. "그러니까 그 시계가 열세 번을 쳤다면, 그것은 적어도 이번 한 번만은 어디엔가 열세 시라는 여분의 한 시간이 있다는 얘기다." 심심해서 죽겠고, 놀고 싶어 미치겠던 톰이 열 시간 동안 침대에 누워 있어야 하는 게 못내

♠

억울해서 해낸 궁리이다. 놀고 싶은 아이의 열망은 엉터리 시계가 제멋대로 치는 종소리 하나만 만나도 그것을 계기로 새로운 시간, 새로운 공간을 만들어내는 것이다.

 시간에 대한 톰의 인식은 거기서 그치지 않고 좀 더 세밀해진다. "시간은 잠잘 시간까지 똑딱거릴 것이다. 그 점에서 시간은 톰의 친구였다. 하지만 오늘 밤이 지나면 시계는 토요일을 향해 똑딱거리며 나아갈 테고, 그 점에서는 시간은 톰의 적이었다."와 같은 대목을 보면 톰은 시간이 우호적이기도 하고 적대적이기도 하다는 사실을 깨닫고 있다. 그리고 침대에 갇혀 있는 한 시간은 열흘만큼이나 길고, 마법의 정원에 나가 노는 단 한 시간, 그 한 시간 동안에 한 인간의 일생이 훌쩍 흘러가기도 한다는 것을 체험한다. 상대성 원리? 그것은 아이슈타인 같은 천재 과학자만의 전유물이 아니다. 오히려 노는 시간을 간절히 기다리는 아이의 심정에서 이렇게 적절한 표현을 얻고 있지 않은가.

 "나 자신도 시간의 등 뒤로 살짝 빠져나가 과거, 즉 해티의 현재와 정원을 즐길 수 있을지도 몰라. 지금 여기서, 또한 영원히. 그러기 위해서는 시간의 작용을 이해해야 돼." "톰은 과거를 생각하고 있었다. 시간이 멀리 가져가 버린 과거를……. 시간은 해티의 현재를 톰의 과거로 바꾸어 버렸다. 하지만 그래도 지금 여기서, 비록 잠깐이기는 하지만 해티의 현재는 톰의 현재가 되었다."에서 톰의 시간 인식은 좀 더 진지하고 정교해지며, 그 복잡한 시간의 넘나듦을 거쳐 하나의 결론에 다가간다. 어느 날 눈에 들어온 괘종시계의 시계추에 새겨진 성경 글귀, "더 이상 시간이 없다."이다. 좀 더 세밀하게 풀어

보자면 그 시간은 더 이상 연장되지 않을 것이라는 의미이다. 그것은 이제, 현재와 미래와 과거를 누비는 놀이의 시간이 끝나 간다는, 암시이자 선언이다. 정말, 그 이후 톰이 만난 해티는 이미 훌쩍 자라 처녀가 되어 있고, 어떤 남자와 사랑에 빠진 해티의 눈에는 톰이 유령처럼 투명하고 희미하게 보인다.

자신이 정원에 있는 동안은 현실의 시간이 멈추어 자신을 기다려 준다는 사실을 알게 된 톰은 영원히 정원에 남으려는 결심을 한다. 해티와의 즐거운 시간을 영원히 누리고 싶기 때문이다. 그러나 '시간을 영원과 바꾸다!'라는 기념비의 글귀를 소리 내어 읽으면서 그는 메아리로 돌아오는 목소리가 없다는 것을 알아차린다. '너무 조용해서 몸이 오싹할 정도'이다. 특정한 시간을 영원히 붙잡으려 하면, 그 순간 거기에서는 모든 것이 사라진다. 침묵과 오싹한 전율만이 남는다. 메아리가 없는 소리는 그림자 없는 물체처럼 온전한 실재라고 할 수 없다.

그게 무슨 소리인가. 영원한 시간이란 없다는 것이다. 시간이란 강물처럼 흐르는 것이며, 그 흐름이 끊긴 상태는 늪 같은 죽음의 상태라는 것이다. 흐르는 시간 속에 던져진 우리는 잠시 그것을 거슬러 올라갈 수도, 소용돌이 안에서 빙빙 돌 수도 있지만, 결국은 다시 흘러가야 한다.

이제 놀이는 끝났고 정원은 사라졌다. 그러나 톰에게는 중요한 깨달음이 남는다. 바솔로뮤 부인의 말대로 변하지 않는 것은 이 세상에 없다는 사실, 그 둘, 그러니까 어린 톰과 늙은 바솔로뮤 부인이 진짜 사람이라는 사실, 성경 구절대로 어린 두 사람이 어울리던 그 시간은 더 이상 연장되지 않을 것이라는 사실이다.

　영원히 잡아 두고 싶었던 시간을 놓아 보내고, 시간의 흐름에 따라 세상의 모든 것은 변한다는 사실을 받아들이고, 흘러간 시간과 포옹하는 톰은, 어쩌면 영원과 바꾸고 싶었던 시간을 포기함으로써 오히려 영원히 간직하게 된 것인지도 모른다. 같이 놀 친구와 장소가 절실히 필요했던, 심심해 몸을 뒤틀던 어린 소년의 한밤중 모험은 그렇게 해서 시간에 대한 경이로운 체험과 아름다운 깨달음으로 우리를 인도해 간다.

❖ 과학의 옷을 입은 판타지

『시간의 주름』
(매들렌 렝글 지음, 최순희 옮김, 문학과지성사)

판타지 중에는 사이언스 판타지 혹은 사이언스 픽션 판타지로 분류되는 이야기들이 있다. 몇몇 학자들이 사이언스 픽션과 판타지의 경계선상에 있다고 여기는 작품들에 붙여 준 이름이다. 대표적으로 매들렌 렝글의 『시간의 주름』을 들 수 있다. 1962년에 나온 이 책은 뉴베리 상을 받았고, 그 뒤 24년이라는 긴 시간에 걸쳐 『바람의 문』, 『급속히 기울어지는 행성』, 『대홍수』 4부작으로 이어지면서 판타지의 고전으로 확고히 자리를 잡은 작품이다.

천재 과학자인 아빠와 역시 천재 과학자이고 아름답기까지 한 엄마 사이에서 태어난 딸 메그는, 스스로 돌연변이라고 여길 만큼 못생긴 데다 매사가 엉망진창이다. 아무 문제 없는 모범생인 쌍둥이 남동생 둘, 남들은 지능이 낮은 아이로 여기지만 사실은 신비스러운 능력을 숨기고 있는 다섯 살짜리 동생 찰스 월러스, 이렇게 여섯 식구인데, 정부의 비밀 과학 실험에 참여하러 간 아빠가 일 년째 소식이 없자, 작은 동네에서는 엉뚱한 소문들이 떠돌아다닌다. 수군거리는 사람들, 보고 싶은 아빠, 아빠를 그리워하는 엄마, 지긋지긋한 학교……. 메그는 폭발 직전이다.

메그의 기분처럼 폭발할 듯한 폭풍이 치는 날 밤에 이야기는 시작된다. 폭풍 치는 바깥과 따뜻한 집 안, 식구들의 대화, 갑자기 들이닥친 낯선 손님……. 세밀하고 탄탄하면서 감각적인 묘사, 읽는 이의 마음을 능숙하게 풀었다 조였다 하는 구성이 초반부터 독자들 마음을 확 사로잡는다. 그리고 연이어 나타나는 묘한 캐릭터들, '저게뭐야 아줌마', '누구야 아줌마', '어느거야 아줌마'와 함께 이야기는 판타지의 세계로 빨려 들어간다.

서양 판타지가 흔히 그렇듯, 이 이야기의 주제도 선과 악의 필사적인 대결이다. 그 대결이 펼쳐지는 무대는 우주 공간이다. 행성에서 행성으로, 2차원에서 5차원으로, 아이들과 아줌마들은 종횡무진 시간과 공간과 차원을 넘나들며 악의 세력과 싸운다. 검은 그림자에 둘러싸인 채 사악한 '그것'의 지배를 받는 행성 카마조츠에 잡혀 있는 아빠와 동생을 구해 낸 메그. 아이들이 지구를 떠난 바로 그 시간으로 되돌아가 온 식구가 다시 만나는 행복한 장면으로 이 이야기는 끝난다.

『시간의 주름』에는 곳곳에 과학의 분위기가 떠돈다. 메그의 엄마 아빠는 과학자이고, 엄마는 집 안에 실험실을 갖춰 놓고 실험을 한다. 메가파섹이나 아인슈타인의 법칙, 물질을 이루는 원자의 특징과 원자 재배열에 대한 설명이 아이들 입에서 나온다. 1차원부터 5차원까지 차원의 개념도 꼼꼼하게 설명되고, 두 점 사이의 최단 거리는 직선이 아니라는 가설도 나온다. 점과 점 사이의 공간을 주름잡아 그 두 점을 맞붙여 놓을 수 있다는 것이다. 아이들과 아줌마가 수억 광년이 걸릴 수도 있는 공간 사이를 단번에 옮겨 갈 수 있었던 것은 바로 이 방법에 따랐기 때문이다.

    메그의 아빠는 인류 최고의 두뇌들과 함께 그런 시간 여행을 실험하고 있었다. 그리고 아빠의 결론은, 인간은 아무것도 모르면서 다이너마이트를 가지고 노는 어린아이들 같다는 것이었다. 악의 본거지인 카마조츠의 도시와 인간의 모습은, 극도로 발달한 과학 문명이 만들어 낼 수 있는 미래 도시의 생활을 떠올리게 한다.

    그러나 이 이야기는 역시 판타지이다. 주름 여행이라는 개념은 과학적 설명이라는 옷을 입었지만 환상의 영역에 속한다. 검은 그림자와 맞서 싸우다 멸망한 별이 인간의 몸으로 바뀐다는 설정, 산소가 희박한 산꼭대기에서 종 모양의 꽃에 코를 대고 숨을 쉬는 장면, 신화에 나오는 센토처럼 생긴 동물이나 익셀이라는 행성에 사는 흐느적거리는 생물체 등은 명백히 환상적이다. 서서히 사라졌다 서서히 나타나는 아줌마들의 모습, 수정 구슬 안에 비치는 우주의 운명을 들여다보는 중용 부인의 모습에서는 서양 초기 판타지의 전통을 어렵지 않게 읽을 수 있다.

    이런 과학적 분위기와 환상적 장치의 혼합으로 매들렌 렝글은 지금까지 우리가 보아 왔던 것과는 사뭇 다른 판타지를 그려 냈다. 어느 평자의 표현대로 판타지의 얼굴을 바꿨다고 할 수 있는 것이

『시간의 주름』 영문판(유태은 그림)

다. 이 바뀐 얼굴의 판타지인 『시간의 주름』은 고전적 판타지에 견주어 악의 실체를 더 선명하게, 더 구체적으로 느낄 수 있게 해 준다. 온 우주에 검은 그림자를 드리우는 사악한 '그것'의 본질은 고도의 기계 문명을 갖추고 있는 카마조츠의 중앙 정보 센터 안에서 드러난다. 그것은 카마조츠뿐 아니라 온 우주의 주민들에게 "평화와 완전한 휴식…… 모든 책임으로부터의 해방"을 약속한다. 그곳에서는 모두가 똑같기 때문에 모두가 행복하다. 문제는 달라서 생기는 것이기 때문이다. 그리하여 '그것'은, 모든 인간을 한 치의 오차도 없이 정확하게 움직이는 기계의 부속품 같은 존재로 만들어 버리는 힘을 발휘한다.

한결같고 기계적인 카마조츠 주민들의 움직임, 그곳의 주민이 되라는 최면술 같은 설득을 통해, 우리는 유령이나 괴물의 모습을 하고 나타나 인간을 해치는 악보다 더 소름 끼치는 악의 실체를 보게 된다. 그것은 바로 우리 자신의 이성이다. 우리가 절대 가치로 여기고 추구하는 평화와 평등과 자유, 그것을 차가운 이성 위에서 과학의 힘을 빌려 달성하려고 할 때 어떤 결과가 나올 수 있는지, 이 이야기는 극명하게 보여주고 있다. 그것은 이성이 아니라 오히려 광기라고 불려야 마땅할 어떤 것이 된다.

그 악의 힘을 물리칠 수 있는 것은 결국 사랑의 힘이라고 렝글은 말하고 있다. 우주의 창조자인 하느님에 대한 믿음도 그 바탕을 이루어야 한다고 말한다. 그러나 그 강력하고 소름 끼치는 악의 형상화에 견주어 사랑과 믿음은 너무나 단순하고 소박해서 자칫 신파처럼 보이기 십상이다. 오히려 자신의 인간적인 결점을 무기 삼아 그것과 맞서 싸우는 메그의 의지가 설득력을 갖는다. 분노, 조급증, 고집. 이 세상에서 학교에 다닐 때 마이너스 요인만 됐던 메그의 성격은, 사악한 이성의 힘과 맞서 싸우는 강력한 무기가 될 수 있었다. 같다는 것과 동등하다는 것은 전혀 다르다는 명백한 진실을 알게 된 메그는 자기가 깨달은 사실을 물고 늘어짐으로써 그것의 손아귀에서 빠져나올 수 있었다. 그것을 물리칠 수 있는 힘, 그것에게는 없지만 자기가 지니고 있는 힘은 바로 동생에 대한 사랑이라는 것도 메그는 스스로 깨달았다. 요정이나 마법의 도움이 아니라 스스로의 깨달음으로 문제를 해결한다는 것도 렝글이 판타지에 새로이 씌워준 얼굴이었다.

그러나 주제와 메시지를 떠나서 이 이야기에서 가장 즐길 만한 것은, 환상과 현실감이 탄탄히 엮인, 놀랍도록 새롭고 숨 막히도록 정교한 묘사들이다. 시각, 청각, 촉각, 미각 같은 다양한 감각에 대한 압도적인 표현들은, 우리의 감각을 증폭시켜주면서 우리 자신과 우리를 둘러싼 세계를 향한 레이더를 작동시킬 것을 권한다. 좋은 판타지는 이렇게 우리를 현실에서 떠나게 하는 것이 아니라 우리 존재 자체에 깊이 파고들면서, 동시에 우주와의 연결감을 준다. 한 대목만 예로 들어 보자.

> 빛도, 소리도, 감각도 없는 상태에 메그는 홀로 남았다. 내 몸은 어디로 갔을까? 공포에 질린 채 메그는 몸을 움직여 보려 했다. 하지만 움직일 몸이 없었다. 빛과 소리가 사라진 것처럼. 메그도 사라져 버렸다. 아예 몸뚱이가 없어져 버린 거였다. …… 갑자기 어떤 움직임이 느껴졌다. 지축을 중심으로 타원 궤도를 따라 태양 둘레를 돌고 있는 지구의 회전이 분명했다. 지구와 함께 도는 듯한 이 느낌은, 굽이치는 파도 저 너머의 대양 위에 떠 있는 느낌과도 흡사했다. 부드러우면서도 뿌리칠 수 없는 달의 인력을 느끼면서, 물결과 함께 오르내리며 찰싹거리는 물 위에 누워 있는 듯한 느낌이었다.◆

이런 대목을 읽고 난 뒤 현실로 다시 돌아오기에는 시간이 걸린다. 그리고 돌아온 현실은 예전의 현실이 아니다. 나는 지구와 하나가 되어 우주에 누워 있는 경험을 해 버린 사람이다. 세계가 새롭게 보인다. 내가 세계를 바꾼 것이다. 정말 멋지다!

◆ 같은 책, 78쪽.

❖ 댁의 가족은 안녕하신가요

『오이대왕』
(크리스티네 뇌스틀링거 지음, 유혜자 옮김, 사계절)

경제가 어려워지면서 식구들이 뿔뿔이 흩어지는 가정이 늘어나고 있다. 엄마는 가출하고, 아이들은 보육원에 맡겨지고, 아빠는 노숙자로 떠돌고……. 이런 딱한 사연들을 소개하면서 매스컴은 보완책이라도 제시하듯, 많은 어려움에도 서로에 대한 애정과 신뢰로 똘똘 뭉치는 식구들 모습도 함께 보여 준다. 아름다운 광경이다. 사실 가족이란 세상 풍파에 대항할 수 있는 최초이자 최후의 보루니까. 하지만 과연 그토록 온전하고 굳건한 성채 노릇을 해내는 가정이 얼마나 될까.

사회가 흔들리고 썩어갈 때, 사회에서 가장 기본이 되는 단위인 가정은 그 흔들림과 부패의 원인이라는 혐의에서 얼마나 자유로울 수 있을까. 가정의 소중함과 순결함을 부인하는 차원이 아니라, 가족이라는 작은 사회의 실상을 여러 각도에서 면밀히 들여다보는 차원에서, 그리하여 인간이라는 존재의 본질을 뼈아프게 인식하고 반성하는 차원에서 제기해 봄 직한 질문이다. 그리고 그 질문을 단박에 우리에게 내던지고 있는 작품이 바로 크리스티네 뇌스틀링거의 『오이대왕』이다.

　이 책은 우리가 질서와 전통이라고 믿고 있는 것♦에 대한 신랄한 비판과 비꼼, 나아가서 반란의 이야기를 담고 있다. 이야기가 시작되기 전부터 그 징조는 불도장처럼 드러난다. '글을 시작하기 전에 한마디!'라는 제목의 글을 보자. 집안에 일어난 어떤 중요한 일에 대해 누군가는 쓰지 않을 수가 없다고 화자인 나는 말한다. 그런데 누나는 짜임새 있는 글의 구성이 무엇보다도 중요하기 때문에 어려워서 쓸 수가 없다고 한다. 나는 다르다. 그까짓 작문 원칙 따위에는 신경 쓰고 싶지 않다는 것이다. 글의 논리와 짜임새와 구성이 얼마나 중요한지를 아는, 그리고 그것에 뛰어난 솜씨를 지니고 있을 작가가 자신의 존재 기반을 정면으로 부인하는 이 진술은 이야기가 얼마나 파격적일지를 짐작하게 해 준다.

　곧이어 큰 사건이 벌어질 것 같은 장면이 펼쳐진다. 부엌에서 뭔가 넘어진 듯한 요란한 소리가 나고, 엄마가 부들부들 떨며 나온다. 그러다 갑자기 이야기가 딴 데로 흘러, 우리 식구 소개를 하겠단다. 엉뚱하기 짝이 없다. 불과 한 쪽 분량의 글에서 작가는 이렇게 분위기를 후딱후딱 뒤집으며 독자의 기대를 엎어 버린다. 식구를 소개

　♦ 여기서는 그것이 부권적 권위로 형상화된다.

하는 글도 냉소적이고 방자하다. 할아버지는 입이 비뚤어졌지만, 입이 반듯한 사람보다 말을 바로 하는 경우가 많다. 작은 회사 과장인 아빠에 대해서는 회사에서 마음대로 부려 먹을 수 있는 아랫사람이라야 기껏 세 사람밖에 없을 거라는 엄마의 평가, 그래서 집에서 그렇게 소리를 지르는 거라는 할아버지의 평가가 인용된다. 엄마는 아이들에게 직장을 구해 나갈 테니 너희들끼리 고생 좀 해 보라고 악담 비슷한 짜증을 내곤 한다. 화자인 아이를 보더라도, 말투로 미루어 보건대 보통 동화에 나오는 긍정적이고 선한 주인공은 아닌 것 같다. 그러니 이 책을 읽을 때는 기존의 상식을 버리는 것이 좋다. 말했듯이 이건 반란과 비판에 관한 이야기이니까.

이 가족은 그다지 화기애애해 보이지 않는다. 화기애애하지 않은 정도가 아니라 짜증과 고함과 불만의 소용돌이에 휘말려 있다. 그리고 그 소용돌이의 근원은 아빠다. 아빠는 완고하고, 보수적이고, 이기적이고, 위압적이다. 할아버지한테까지 명령을 퍼붓는 폭군이다. 그런 아빠의 성격은 부활절 연휴 월요일 아침 소풍 떠나는 장면에서 잘 드러난다.

아빠는 …… 우리에게 …… 이것저것 지시했다. …… 엄마는 낡은 담요를 가져가고, 할아버지는 음식을 챙기고, 마르티나 누나는 ……나는 ……닉은 …… 엄마에게 …… 잊지 말라고 당부했다.

아빠가 고함을 치기 시작했다. …… 아빠는 우리 모두가 이기적이고 배은망덕하다며 몸서리를 쳤다. …… 아빠가 우리 앞에 위협적으로 버티고 서서 물었다.

아빠는 분에 못 이겨 차를 거칠게 몰았다. 차 왼쪽 앞바퀴가 장미 꽃을 짓밟았고, 화분이 들어 있는 수레를 뒤엎었다.♦

두 쪽 남짓한 글에 아빠의 명령과 고함과 분노가 홍수처럼 쏟아진다. 자신의 지시를 일사불란하게 실천하지 않는 식구들 앞에서 좌절하고 당황하고 화가 난 아빠는 다시 자신의 권위를 되찾을 방법으로 높은 지위와 돈을 선택하고, 그것을 약속하는 오이대왕에게 가족에 맞서 가면서 충성을 다하는 것이다.

호박 같기도 하고 오이 같기도 한, 비닐봉지에 싸인 밀가루 반죽 같은 기묘한 캐릭터가 무엇을 상징하는지는 명백하다. 이 가족의 집 지하실에 왕국을 건설하고 사는 쿠미-오리 족의 황제였다가 폭정에 못 이긴 백성들의 혁명으로 쫓겨나 인간 세계에 망명 온 오이대왕은 다분히 아빠의 그림자적인 성격이 짙다. 아빠와 오이대왕이 마치 사랑하는 사람들처럼 침대에 나란히 누워 있는 장면을 보라.

그는 폭압적이고 이기적인 데다 소심하고 교활하기까지 하다. 있지도 않은 보험회사 지하 오이대왕을 들먹이며 사장 자리를 얻어 줄 수 있다고 아빠에게 사기를 치는가 하면, 훔치고 엿듣고 하면서 다른 식구들의 약점을 염탐해 아빠에게 일러바치는 걸로 식구들 사이를 이간질한다. 식구들을 억누르고 분열시키고, 그러면서 스스로

♦ 같은 책, 35~37쪽.

를 속이고 소외시키는 아버지 모습을 극단적으로 과장하고 우스꽝스럽게 만드는 것도 바로 오이대왕인 것이다.

그렇다면 다른 식구들은 희생만 당하는 피해자인가? 그렇지 않다. 그들은, 정도 차이만 있을 뿐 모두 조금씩은 그 분열의 원인을 제공한다. 할아버지는 늙고 병들어 힘없기 때문이기도 하지만, 늘 한 발 물러서서 조소와 비판을 보낼 뿐 상황을 바로잡으려고 노력하지 않는다. 엄마는 식구들에게 거짓말을 해 가며 쇼핑을 하고 아이들 앞에서 노골적으로 아빠를 비웃으며 싸운다. 마르티나와 볼프강은 사춘기. 볼프강은 점잔을 빼며 온통 회색 차림으로 뻣뻣하게 골목을 걸어가는 한 어른을 보고 공연히 골탕을 먹이고 싶다는 생각이 굴뚝같이 치밀어 올라 썩은 과일을 던졌는데, 공교롭게도 그가 담임선생으로 오게 되고, 그 밑에서 수학 시간에 고전을 면치 못하다가 급기야는 아빠의 서명을 위조하려고 연습하는 지경에 이른다. 서명 위조에 한몫 거드는 누나 마르티나는 합리적이고 침착한 모범생처럼 보이지만 남자 친구, 저녁 외출, 옷차림 따위를 간섭하는 아빠에 대한 불만으로 가득 차 있다.

식구들 안에 잠재해 있던 갖가지 불만 요소가 느닷없이 나타난 오이대왕을 빌미로 비로소 밖으로 분출되고 식구들을 분열시킨다. 말하자면 오이대왕은 억압적 권위, 불만, 거짓, 비웃음, 반항 같은 부정적 가족 관계를 비춰주는 거울이자 그것을 터뜨려주는 기폭제인 것이다. 이 가족이 정상적이고 화목한 관계를 회복하기 위해서는 당연히 오이대왕을 쫓아내야 한다. 오이대왕을 혁명으로 몰아낸 쿠미-오리족은 이제 지하실에서 서로에 대한 배려와 희생으로 단결된

♠

삶을 살고 있지 않은가.

볼프강 식구들이 정상적이고 화목한 삶을 누린 적이 있었는가? 있었다. 그것은 볼프강이 어렸을 때였다. 정말 내게 좋은 아빠가 있다고 굳게 믿었던 때. 어리다는 것은 치유와 구원을 가능하게 해주는 희망이다. 오이대왕을 쫓아내고 가족 사이를 회복시켜주는 것도 좋은 아빠를 여전히 굳게 믿는 막내, 어린 닉키이다. 아빠와 오이대왕을 좋아하고, 그 둘과 나머지 식구들과의 사이에서 유일한 끈 노릇을 하는 닉키. 그 아이는 쿠미-오리족을 몰살시키려는 아빠와 오이대왕의 음모를 천진난만하게 폭로해 막아 내고, 오이대왕을 쫓아내야 한다는 것을 알면서도 두려움과 역겨움 때문에 식구들 누구도 손대려 하지 않을 때, 오이대왕을 달랑 들어 유모차에 태워서는 잘 살 수 있을 거라고 생각되는 다른 집에 내려놓고 온다. 구원의 열쇠는 어린 시절, 어린 마음에 있는 것이다.

인간의 어두운 면, 가족 관계의 부정적 면을 시시콜콜 파헤쳐 드러내 놓는 일은 그다지 유쾌한 일이 아니다. 그러나 유쾌하지 않으니 덮어두자고 해서 없어지는 일은 더더욱 아니다. 시간이 흐르고 아이들이 자라면서 불가피하게 부딪쳐야 할 인생의 진실이 아닌가. 중요한 것은 그것을 인정하고, 들여다보고, 넘어서는 길을 찾는 일일 것이다. 어린 닉키가 해결책을 찾아낸다는 점은 시사하는 바가 크다. 자기 침대 밑에 사자가 여섯 마리, 코끼리가 한 마리, 난쟁이 요정이 열 명 있다고 주장하는 닉키는 식구들이 오이대왕을 보고 기절할 듯 놀라는 와중에도 눈 하나 깜짝 안 한 채 자기 유모차에 넣고 자장가를 불러 준다.

오이대왕이라는 비현실적 존재를 따뜻하게 받아들인다는 것은, 비합리적이고 비실제적인 우리 인간성의 부정적인 면까지도 껴안아 들인다는 뜻이 아닌가. 어린이는 어른의 스승이라는 말은 이 책에서 그 구체적 증거를 얻는다. 아이들은 그 사실을 어른처럼 마지못해 괴로워하며 동의하는 것이 아니라 자기 삶의 일부로, 자기 존재 방식의 한 조각으로 인정한다. 닉키의 이 한마디는 우리가 오이대왕을 어떻게 다루어야 하는지를 번개처럼, 그리고 날카롭고 환하게 보여 준다.

"형하고 누나는 바보야. 대왕이 얼마나 좋은 장난감인데!"

❖ 지금 우리에게 유효한 깨우침

『위대한 마법사 달벤』
(로이드 알렉산더 지음, 강성모 옮김, 문학과지성사)

정말 좋은 책이 그 가치에 값하는 대접을 받지 못하고 외면당하는 것을 보면 안타까울 때가 많다. 『위대한 마법사 달벤』(1973)도 그렇다. 판타지가 무엇인지 그 특성을 명징하게 보여주고 인생과 인간에 대한 보석 같은 통찰로 빛나는 책. 그러면서도 힘이 잔뜩 들어 있거나 거품으로 부풀어 있는 것이 아니라 밀도 높고 겸손하고 자연스러운 이야기의 재미로 채워진 책. 요즘처럼 판타지가 각광받는 때에 이 멋진 판타지가 그다지 주목받지 못하고 있다는 게 이상하다.

이 책은 로이드 알렉산더의 작품이다. 영미권에서는 디즈니 애니메이션으로도 만들어진 프리데인 연대기로 여러 상도 받은 유명 작가임에도 한국에는 그다지 잘 알려지지 않았다. 『사람이 되고 싶었던 고양이』(1973)와 『젠 왕자의 모험』(1991) 이후 공들여 만든 프리데인 연대기 다섯 권이 나왔지만 큰 관심을 받지 못하는 듯하다. 해리 포터 이후 우리에게 몇몇 장대한 하이 판타지가 소개되기는 했지만 반지의 제왕 시리즈와 나니아 연대기 외에는 별 성공을 거두지 못했다.

『위대한 마법사 달벤』은 프리데인 연대기의 프리퀄 성격을 띤 단편 모음집이지만, 작가의 말대로 아무런 사전 지식 없이도 즐겁게 읽을 수 있다. 여덟 편의 이야기가 모두 재미있기도 하려니와, 말했다시피 인생과 인간에 대한 보석 같은 통찰로 가득 차 있다. 세상의 모든 지혜가 들어 있는 마법의 책을 읽은 대가로 하루아침에 젊은이에서 파파 할아버지로 변해버린 달벤. 그가 비통함 속에서 마지막으로 건진 깨달음은 이런 것이다.

> 달벤은 비록 인간의 삶이 짧고 고통으로 가득 차 있지만, 삶 하나하나가 가치를 따질 수 없을 정도로 소중한 보물이라는 것을 깨달았다. 그리고 책 맨 끝에 이르렀을 때, 달벤은 어떤 것도 확실하지 않지만 모든 것이 가능하다는 것을 깨달았다.

> '지식의 끝에서 지혜는 시작된다. 그리고 지혜의 끝에는 슬픔이 아니라 희망이 있다.'◆

이해할 수 없는 고난으로 힘겨운 삶을 살아가야 하는 사람들에

◆ 같은 책, 38~40쪽.

게, 긴 인생을 마술적으로 압축해 보여주면서 내리는 이 결론은 알 수 없는 힘을 줄 수 있을 듯하다. 시공을 알 수 없는 판타지 속의 사람들뿐 아니라 지금 이 시대의 사람들에게도.

이 책의 이야기들은 그렇게 지금 우리에게 유효한 깨우침을 준다. 난쟁이에게서 마법의 돌을 받아 지금 이대로의 모습을 영원히 간직하게 해달라는 소원을 빈 농부는 곧 그 소원이 얼마나 재앙인지를 알게 된다. 씨앗은 싹트지 않고, 암소는 새끼를 낳지 않고, 병아리들은 알을 깨고 나오지 않고, 아이의 이도 나지 않는 것이다. 절망하는 이 농부의 모습에 과도한 성형과 운동으로 젊음을 지키려 안간힘 쓰는 현대인의 모습이 겹친다. 공주와 결혼할 수 있는 최고의 마법사를 고르는 자리에서 온갖 놀랍고 무시무시하고 휘황찬란한 마법을 물리친 것이 한 평범한 젊은이의 "요란스럽지 않게 그저 조용히 물과 숲, 바다와 하늘, 남자와 여자, 어린아이와 노인에 대해, 그리고 한 베틀에서 짠 실처럼 서로서로 촘촘히 엮인 모든 생명의 경이로움과 아름다움에" 대해 풀어놓은 이야기였다는 대목에서는 묘한 뿌듯함과 기쁨이 차오른다.

여덟 편의 이야기가 한결같이 강조하는 것이 바로 생명의 경이로움과 아름다움이다. 죽음의 제왕도 두려워 달아나게 만드는 힘, 생명. 판타지는 그것을 어떻게 얻고 지키는지를 한눈에 보여줄 수 있는 이야기이다.

❖ 씁쓸한 진실, 불안한 희망

『머릿속의 난쟁이』
(크리스티네 뇌스틀링거 지음, 유혜자 옮김, 사계절)

1984년에 한스 크리스티안 안데르센 상을 받은 크리스티네 뇌스틀링거는 오스트리아의 국민 작가이다. 말하자면 오스트리아를 대표하는, 오스트리아뿐 아니라 독일, 유럽 모든 나라에서 너무나 유명한 작가이다. 뇌스틀링거 한 사람 덕분에 오스트리아의 동화는 세계 어린이문학사에서 상당한 자리를 차지할 수 있게 되었다.

그런데 뇌스틀링거의 동화는 우리가 흔히 생각하는 동화의 개념과 꽤 거리가 멀다. 그의 동화는 그다지 아름답지 않고, 그다지 희망적이지 않고, 그렇게 위안을 주는 것도 아니다. 오히려 독자를 몹시 불편하게 한다. 이미 번역되어 상당히 많이 읽힌 『오이대왕』 같은 작품이 그 대표적인 예이다. 나는 이 책이 많이 팔렸다는 소리를 듣고, 얼마나 제대로 읽혔는지와는 상관없이, 우리 독자들이 동화를 보는 눈에 조금씩 변화가 생기는 조짐을 보여주는 것 같아 반갑기도 했다.

지금까지 내가 읽은 뇌스틀링거의 책에서 공통적으로 받은 느낌은, 그가 인간의 치부를 날카롭게 파헤쳐 꺼내 놓는 데 뛰어난 솜씨를 발휘한다는 것이었다. 아이와 어른을 가릴 것 없이 자기도 모르게 이기적이고 탐욕스럽고 천박한 본성을 드러내는 인물들이 그의 책에는 많이 등장한다. 정도의 차이가 있기도 하고, 유머와 풍자로 가리는 경우도 있지만.

『머릿속의 난쟁이』(1989)는 비교적 그 강도가 덜한 편이지만 그래도 그런 면모가 얼핏 엿보인다. 안나의 엄마 아빠는 이혼 후에도 종종 서로를 비난하며 싸운다. 크리스마스가 다가오면 안나는 너무나 정신이 없다. 엄마 아빠와 셋이서, 친할머니 친할아버지 아빠와 넷이서, 외할머니 외할아버지 엄마와 넷이서 이렇게 크리스마스 파티를 세 번씩 치러야 하기 때문이다. 전 사위 혹은 전 며느리를 비난하는 할머니 할아버지들도 모두 마음에 안 든다. 선물을 받는 것도 탐탁지 않다.

이렇게 식구들 간의 분열과 반목을 그리는 것이 뇌스틀링거의 장기이다. 안나는 엄마 아빠와 함께 트리를 장식하면서도 짜증을 내고, 외할머니에게는 혀를 날름 내밀어 보이고 싶어 한다. 전화로 엄마와 다투는 아빠를 향해 마구 소리를 지른다. 버릇없고 고약한 아이다. 그러나 이게 아이들만의 잘못인가? 뇌스틀링거는 아이의 마음이 사나워지도록 몰고 가는 둘레 환경을 얄미울 정도로 꼭꼭 집어낸다.

그렇다고 해서 뇌스틀링거가 아이들을 무조건 옹호하는 것은 아니다. 아이들도 마찬가지이다. 안나의 짝 헤르만은 잘생긴 외모와 달리 지독히 심술궂고 이기적이다. 안나의 친구 페터는 질투심이 많으며, 알마는 거칠고 막무가내다. 그 아이들이 얽혀서 서로를 놀리고 견제하고 상처 입히는 과정을 보면, 구조적인 면에서는 어른들의 그것과 다를 바가 없다.

그러나 동화는 동화인지라, 결국은 해피엔딩이다. 그렇다고 엄마 아빠가 다시 합쳐 행복이 넘치는 집이 되고 아이들은 모두 서로 화해한다는, 완벽해서 오히려 아주 비현실적인 해피엔딩이 아니라 어느 정도의 희망과 가능성을 제시하는 해피엔딩이다. 그 희망과 가능성마저 아스트리드 린드그렌처럼 따뜻한 시각이 아니라 현상에 대한 체념과 풍자와 유머를 바탕으로 한다.

뇌스틀링거는 현실을 그렇게 낙천적이고 따뜻하고 희망적으로 볼 것만은 아니라는 뼈아픈 인식 위에 서 있는 작가인 것 같다. 그런 아픈 인식 위에서 제시하는 결론과 대안은, 그래서 완벽한 위안을 주지 못한다. 아이들의 머릿속에 들어앉아 있으면서 그 생각을 조종하는 난쟁이라든지 아빠를 조종하는 오이대왕 같은 캐릭터는 초현실적 존재이지만, 환상적이라기보다는 우화적인 느낌을 준다. 그것들이 인간성의 어떤 단면들을 나타내고 있음이 너무나 뚜렷이 드러나기 때문이다. 그 초현실적 존재들의 능력과 역할도 결국은 인간적인 범주 안에서 발휘된다.

역설적이게도, 뇌스틀링거 작품의 힘은 바로 그 점에서 나온다. 사실적인 요소이건 환상적인 요소이건, 작품의 모든 부분이 실재 인간과 현실 파악에 초점이 맞추어져 있다는 점 말이다. 그렇듯 치열한 현실 인식을 통하여 뇌스틀링거는 우리에게 동화의 새로운 장을 열어 보여 준다. 아니, 새로운 것 같지만 사실은 가장 기본적이고 중요한 동화 세계의 진실을 날카롭게 가르쳐 준다. 동화는 결국 인간과 세계에 대한 이야기라는 사실 말이다.

❖ 마녀는 사랑을 지키기 위해 싸운다

『달빛 마신 소녀』
(켈리 반힐 지음, 홍한별 옮김, 양철북)

판타지 하면 어떤 작품이 먼저 떠오르는가. 반지의 제왕이나 나니아 연대기나 해리 포터 시리즈(어느새 해리 포터는 반지의 제왕과 나니아 연대기를 잇는 하이 판타지의 반열에 들어선 것인가.) 같은 작품을 주로 떠올리는 독자라면 판타지와 치열한 전투를 연결하는 것이 자연스러울 것이다. 선과 악이 이 세계 전체와 인간의 운명을 놓고 싸움을 벌이는 전투. 거기에는 사악한 용과 마녀와 마법사와 괴물이 등장해서 선하고 아름다운 인간 혹은 요정을 음험하고 잔인하게 공격한다. 그러나 결국 승리는 눈부신 활약을 보이는 주인공의 것. 영웅들의 해피엔딩으로 이야기는 막을 내린다. 그리고 부지런히 페이지를 넘기던 독자는 판타지는 판타지야, 하면서 책을 내려놓을 수 있다.

『달빛 마신 소녀』(2016)는, 제목만 보자면 판타지일 거라고 짐작하기는 힘들다. 상당히 시적이고 서정적인 이야기일 거라는 쪽으로 생각이 기운다. 하지만 이 작품은 판타지이고, 맞다, 아주 시적이고 서정적인 이야기다. 우리가 응원하거나 미워할 수 있는 다양한 캐릭터들이 양편으로 갈려 마법을 쓰면서 싸우기는 하지만, 선과 악이 명확하지 않다. 악의 철저한 패배도 선의 통쾌한 승리도 없다. 그렇다면 무엇이 있느냐고? 아름다움이 있다. 이 책은 2017년 뉴베리 상 수상작으로 선정되면서 순수한 마법, 독특한 인물과 복잡한 구성의 절묘한 어우러짐, 사랑, 비탄, 희망, 슬픔 이 모든 것을 정교하게 담은 아름다운 문장 등의 찬사를 받는다.

그러니 독자는 책장을 펼치면서 여느 판타지를 읽을 때와는 다른 자세를 가져야 한다. 가능하면 달빛을 마실 수 있는 밤에, 긴 길을 떠날 수 있도록 충분한 시간을 확보하고, 복잡한 구성 속에서 길을 잃지 않도록 눈 밑의 문장들을 찬찬히 살피면서, 책 속에 넘치는 아름다움을 길어 올려 담아둘 수 있는 노트라도 하나 갖추기를 권하고 싶다.

불을 뿜는 산과 사람을 삼키는 늪, 마녀가 산다는 숲 가장자리 마을 보호령에서 이야기는 시작된다. 사람들이 '보호'를 받기 위해서는 일 년에 한 번 갓난아기를 마녀에게 바쳐야 한다(고 장로들은 말한다). 사실 마녀는 없다는 것을 장로들은 알지만, 사람들은 마녀에 대한 희미한 믿음 속에서 겁에 질려 순순히 아기를 내놓고 비탄에 사로잡혀 살아간다. 그런데, 진짜 사실, 마녀는 있다. 도대체 사람들이 왜 해마다 아기를 버리는지 모르겠다는 마녀가 있다!

투덜거리며 아기를 소중히 싸안고 데려가 숲 반대편 자유도시의 좋은 부모에게 입양시키는 마녀 잰. 그리고 또 다른 마녀로, 저항하는 엄마가 있다. 죽을힘을 다해 갓 낳은 딸을 지키다 결국 빼앗기고 미쳐버려서 십 년 넘게 탑에 갇혀 사는 엄마가. 그러다 엄마는 거기서 스스로 마법을 깨쳐 마녀가 되는 것이다. 그 엄마의 빼앗긴 딸 역시 마녀가 된다. 숲속의 마녀가 손녀로 삼아 거두어 먹인 달빛 때문에 제 안에 마법이 씨 뿌려진 루나. 수많은 비밀 속에서 소녀로 자란 루나의 들끓는 그리움과 불안한 사랑이 강력한 마법으로 터져 나오며 마침내 어긋났던 모든 것들이 제자리로 돌아온다. 이 모든 일의 원인인 슬픔 포식자 마녀 수녀원장까지도.

그러고 보니 이 이야기는 결국 마녀 이야기, 그러니까 여자 이야기다. 남자로는 사악한 대장로와 착한 견습 장로, 성별을 알 수 없는 늪 괴물과 용이 등장하지만 중심인물은 이 네 여자, 거기에 작은 혁명을 주도하는 견습 장로의 아내 에신까지 모두 다섯 여자다.

네 마녀와 한 여자. 그녀들은 모두 싸운다. 목숨을 걸고 싸운다. 권력이나 재산, 영토나 명분을 지키기 위해서가 아니라 소중한 사람을 위해서. 이미 빼앗겼지만 단념하지 않고 싸운다. 앞으로 빼앗기지 않기 위해서 미리 나선다. 자신의 목숨이 다해야 그 사람이 살 수 있다면, 목숨도 내놓는다. 왜 그렇게 됐는지 모르지만 타인의 희생 위에서만 삶이 이어질 수 있는 마녀에게도 이해의 눈빛이 비친다. 그러면서 그들이 발휘하는 힘이 마법이다. 결국 희망을 이루고 사랑을 완성시키며 순리가 드러나게 만드는 힘. 작가는, 우리를 살게 하는 힘은 마법이며 우리는 모두 마법사라는 말을 하고 싶었는지도 모르겠다는 생각이 든다. 젠이 루나에게 했던 '(마법은) 네가 머리에 담을 수 없는 단어지만 네 삶을 정의하는 단어'라는 말이 묵직하게 남는다.

♠

❖ 무^無를 무화^{無化}시키는 환상의 힘

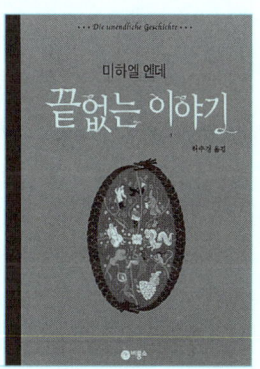

『끝없는 이야기』
(미하엘 엔데 지음, 허수경 옮김, 비룡소)

1

『끝없는 이야기』는 환상 세계에 관한 이야기이다. 한 발자국 내딛는 데만 몇 년이 걸리는 얼음 거인부터 헤아릴 수 없이 수많은 곤충들이 갖가지 기기묘묘한 형상을 만드는 괴물 이그라물에 이르기까지 온갖 다채로운 환상적 존재들이 등장하며, 들어서는 생물마다 깊은 슬픔과 무력감에 빠져 죽게 만드는 슬픔의 늪에서부터 환상계를 다스리는 왕녀가 사는 상아탑에 이르기까지 다양한 환상계의 무대가 펼쳐진다. 이 이야기는 마치 환상계의 백과사전을 보여주는 듯하다.

『끝없는 이야기』는 또 그 환상계 구원에 관한 이야기이다. 환상계가 모든 것을 아무것도 아닌 것으로 만드는 끔찍한 무^無의 공격을 받아 사라지고 있다. 그 구원은 인간 세상의 아이가 와서 어린 여제에게 새로운 이름을 붙여줄 때만 이루어질 수 있다. 허약하고 소극적이고 현실에 부정적이던 아이 바스티안이 환상계로 뛰어 들어가 어린 여제에게 어린 달님이라는 이름을 붙여주자 환상계는 예전보다 더욱 아름답고 풍요로운 모습으로 다시 살아난다.

『끝없는 이야기』는 책에 관한 이야기로도 읽힌다. 환상계는 바스티안이 고서점에서 훔쳐 와 읽는 책 안의 세계이고, 바스티안이 들어가는 환상계는 바로 책 속이다. 현실에서 그리고 환상계에서 일어나는 모든 일은 환상계 안의 책, '끝없는 이야기'에 기록된다. 기록되는 순간 그 기록은 사실로 이루어지고, 사건이 일어나는 순간 그것은 기록된다. 책 표지의 서로 꼬리를 물고 있는 뱀처럼, 일어나는 일과 기록은 서로의 꼬리를 물고 한 몸이 된다. 그것이 이 책이 정의하는 책의 실체이다. "책은 바로 온 환상계이고, 그대와 나이다.", "이 책은 책 속에 있다."라고 선언하는 방랑산의 노인에게서 우리는 자각의 그림자를 본다.

한편 『끝없는 이야기』는 해석을 거부하는 이야기이기도 하다. 독자는 작가에게 그 이야기가 무엇을 뜻하는지, 자신이 내린 해석이 맞는지 물을 수 없다. 세상 모든 사람들이 다 각자의 환상계를 가질 수 있으며, 그 환상계는 오직 스스로의 소망에 의해서만 존재할 수 있기 때문이다. 그러나 그토록 자의적인 세계를 다루면서도 이 책에는 그 환상을 꿰뚫은 채 끌고 가는 하나의 맥이 있어 보인다. 그것은 바로 현실 세계와 환상 세계의 뒤섞임 속에서 한 소년이 겪는 자기 인식의 과정이다. 그는 현실에서는 불안하고 소심하고 매사에 절망적이던 소년이지만 망설임 끝에 뛰어 들어간 환상 세계에서 그와 정

반대로 아름답고 용감하고 전지전능한 구세주가 된다. 그 환상계에서 나오기를 거부하면서부터 소년이 겪는 변화나 그 대가는 냉혹하지만, 치를 것을 치르고 다시 현실계로 나온 그의 성장한 모습은 눈부시다. 마치 애벌레가 스스로 지은 고치를 뚫고 나와 훨훨 날아갈 수 있는 나비로 탈바꿈하듯, 인간도 자신이 지은 현실과 환상 사이의 긴장과 대결이라는 고치를 스스로 뚫고 나와야 진정한 인간으로 성장할 수 있다는 것이 이 이야기를 붙들고 있는 끈일 것이다.

그러나 개인적인 해석이 허락된다면, 끝없는 환상 세계로 빠져들어 가는 것처럼 보이는 이 『끝없는 이야기』는 더 나은 세상, 서로 조화를 이루는 아름다운 세상, 모든 존재의 본질이 진실하게 드러나고 받아들여지는 세상을 향한 소망의 이야기이다. 미하엘 엔데는 그 이야기를 손가락질하며 엄숙하게 하는 것이 아니라 자유로운 사고와 풍요로운 언어의 유희를 통해 전달하고 있다. 자신이 만든 마술 같은 세상에서 현실을 더 아름답고 진실하게 만들어 낼 힘을 얻는 일, 그것이 아마 미하엘 엔데가 이 책을 통해 우리에게 권하는 일일 것이다.

2

미하엘 엔데를 이해하자면 우선 그의 부모, 특히 아버지 이야기를 빼놓을 수 없다. 유명한 초현실주의 화가였던 아버지 에드가 엔데는, 어린 미하엘 엔데의 의식에 환상과 무의식의 세계, 마술과 예술의 세계를 각인시켜 준 인물이었다. 유리 지붕 집에서 하늘의 별을 보며 잠들었던 밤, 어떤 섬광 같은 영감으로 사물의 뱃속을 들여다 보는 듯한 초현실적 그림이 빼곡했던 아버지의 작업실, 시 한 편이나 그림 한 점을 두고 새벽까지 토론을 벌였던 어른들 틈에 끼어 밤을 새웠던 날들을 통해, 어린 미하엘 엔데는 풍요로운 예술적 분위기를 마음껏 누리며 그 안에 젖어 들 수 있었다.

그러나 행복한 시절은 오래가지 않았다. 청소년기의 엔데는 억압적인 학교, 부모의 불화, 그리고 제2차 세계대전을 통해 인간의 삶에 드리워지는 어두운 힘의 실체를 체험하기 시작했다. 더구나 전쟁 말기, 폭격으로 불타고 부서진 거리를 그 자신이 취한 듯 비틀비틀 걸어 다니며 노래 불렀던 일은 그의 마음속에 인간 본연의 광기에 대한 섬뜩한 인식을 심어주었다. 그 당시에도 나중에도 도저히 설명할 수 없는 일을 자신이 했다는 기억은 수치나 절망이 아니라 인간 내면에 대한 깊고도 고통스러운 탐구의 원동력이 되었다.

학교를 마친 뒤 연극배우와 방송 극작가로 일한 엔데는 부모의 이혼과 극심한 경제적 곤란으로 어려움에 시달리기도 했다. 그러나 1960년 첫 동화인 『짐 크노프와 기관사 루카스』로 독일 청소년 문학상을 받으며 동화 작가로 자리를 잡기 시작했다. 작가 자신은 이 이야기를 어린이 동화라고 생각하지 않았지만 어린 독자들의 반응은 엄청났다. 평론가들은 이 작품을 세계대전 뒤 유행하던 모험 판타지로 분류하였다. 바다와 대륙과 극지방 같은 현실 무대에서부터 신비하고 동화적인 모티프들이 등장하는 환상의 무대에 이르기까지 수많은 배경에서 종횡무진 활약하는 두 주인공의 행적은 곧 범세계적이라는 평가를 받게 되었다. "동화적인 세계와 현실적인 세계, 재치 넘치는 대화와 유쾌한 캐릭터, 시적인 분위기와 동화적인 긴장감을 독특한 방식으로 결합시켰다."라는 찬사와 함께 이 책은 큰 성공을 거두었고 엔데를 경제적 어려움에서 구해낼 수 있었다.

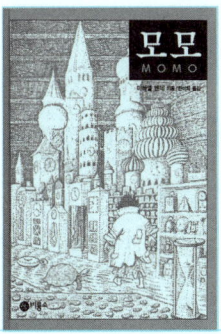

『모모』(미하엘 엔데 지음, 한미희 옮김, 비룡소)

1973년 엔데는 또 하나의 '동화 같지 않은 동화'인 『모모』를 펴내어 다시 한 번 독일 평단과 독자의 주목을 끌고, 독일 청소년 문학상, 유럽 청소년 문학상을 받았다. 열 달 만에 써낸 『짐 크노프와 기관사 루카스』와 달리 『모모』는 완성하는 데만 6년이 걸린 역작이었다. 시간이라는 철학적 명제를 역시 현실과 환상이 뒤섞인 이야기로 풀어낸 이 작품은 인간이 과연 무엇을 위해서 살아야 하는가를 묻는 진지한 질문을 어린 독자들에게 던지고 있다.

"바스티안이 도무지 환상계에서 나오지를 않으려고 해!"라고 하소연하면서 원고 약속 기일을 2년 가까이 넘겨 완성한 『끝없는 이야기』는 아마도 그의 예술관과 인생관과 세계관이 집대성된 작품일 것이다. 한 소년이 책을 읽다가 문자 그대로 책 속으로 빠져들어 가고 다시 나오기를 힘들어한다는 간단한 창작 메모로 시작된 이 이야기는 100쪽 정도로 마치려던 애초의 의도를 벗어나 거의 3년 가까운 시간 동안 700쪽에 달하는 대규모 판타지로 발전했다. 유럽뿐 아니라 온 세계가 이 작품에 주목했고, 유럽 청소년 문학상에서부터 일본의 번역상에 이르기까지, 각종 상이 쏟아졌다. 그러나 책의 상업적 성공은 어떤 면에서 엔데에게 시련이 되기도 했다. 작품이 영화화되는 과정에서 이야기가 껍데기만 남으며 조악해지자 보다 못한 엔데는 이를 막기 위해 법정 투쟁을 벌였다. 하지만 그는 패소했고, 이후 상당한 기간 의기소침한 채 두문불출하기도 했다.

1994년, 미하엘 엔데는 뮌헨의 한 병원에서 위암 수술을 받았다. 투병 중에도 뮤지컬 대본을 쓰기 시작했지만 그 작품은 결국 미완성으로 남고 말았다. 1995년 8월 28일, 그는 슈투트가르트의 한 병원에서 숨을 거두었다.

엔데에게 내려진 평가는 "전 생애 동안 이 세계의 무의미성에 맞서 싸웠다."는 것이었다. 『끝없는 이야기』의 환상계를 삼키는 무의 위협을 그는 우리가 실제로 살아가는 이 세계를 위협하는 모든 요소의 상징으로 간주했다. 이 세계의 이면에는 보이지 않게 우리를 움직이는 신비롭고 내면적인 힘이 있으며, 그것은 사악한 동시에 정의로우며, 아름다운 동시에 추하며, 적대적인 동시에 호의적인, 그런 모순된 성질을 지니고 있다. 우리가 그것을 인정하고 대면하는 일은 그 힘을 내 것으로 하는 길이며, 결국 그 힘조차 버리는 일이야말로 진정한 우리 자신을 완성하는 길이라는 것을 미하엘 엔데는 온 생애를 통해서 우리에게 가르쳐주고 있다.

♠

통합된 모순의 세계

『끝없는 이야기』에 나오는 환상계는 한마디로 거대하고 영원한 모순덩어리이다. 그것은 시작이자 끝이며, 선이자 악이며, 안이자 밖이며, 어디에나 있으면서 아무 곳에도 없다. 내 것이면서도 내 것이 아니고, 아름다움이면서 추악함이고, 공포이면서 희열이다. 들어가려는 자에게는 닫히고, 아무것도 바라지 않는 자에게는 열리는 문이다.

그러나 이 모순에는 한 가지 뚜렷한 원리가 있다. 양극단에 있는 것처럼 보이는 이 요소들은, 사실은 하나의 실체 안에 통합될 수 있다는 것, 통합되어야 한다는 것이다. 그 놀랍고 공포스러운 깨달음을 엔데는 신탁소의 문 앞을 지키는 스핑크스를 대면한 아트레유를 통해 보여준다.

아트레유는 대탐험을 하면서 많은 경험을 했다. 멋진 것, 무시무시한 것을 보았다. 그러나 지금 이 순간까지 아트레유가 알지 못했던 점은 이 두 가지가 하나 속에 공존할 수 있다는 것, 아름다움이 공포스러울 수도 있다는 것이었다.♦

어떻게 보면 너무나 당연하고 단순한 이 명제를 엔데는 이야기 속에서 그야말로 끝없이 강조하고 있다. 그러나 그 강조는 메마른 외침이 아니라 다양한 그림 안에서 울려 나오는 살아 있는 메아리이

♦ 『끝없는 이야기』(허수경 옮김, 비룡소, 2005), 157쪽. 이후 인용은 쪽만 표기.

다. 아트레유와 바스티안의 탐색 과정은 먼 옛날의 신화와 전설 속 영웅들의 행적에 반응하는 메아리이고, 온갖 환상 존재와 마술 도구들은 독일 신비주의 전통에서 나오는 문학적 모티프들의 메아리로 들을 수 있다. 존재와 현상의 뒷면으로 돌아가 그 본질을 찾으려는 노력, 이 세계를 자기 자신만의 해석과 언어로 새롭게 재창조하는 창조의 정신에서는 독일 낭만주의의 메아리가 울려 나온다. 엔데는 그렇게 세계의 신화와 자기 민족의 전설과 문학 전통을 모두 아우르면서 어린아이들의 영혼에까지 뚜렷하게 떠오를 수 있는 선명한 이미지와 줄거리가 있는 이야기로 그려 냈다.

이 이야기에서 상반된 두 요소의 통합이라는 명제를 드러내기 위해 모든 사물과 현상의 이면을 뒤집어 내보이는 장치는 일일이 헤아릴 수 없을 정도이다. 우선 이야기의 시작이 그렇다. 작가는 책 첫 줄부터 '고서점 칼 콘라드 코레안더'라는 간판을 뒤집어 보여준다. 뒤집힌 글씨는 너무나 낯설다. 읽을 수가 없다. 그러나 낯설어 보이고 읽을 수 없다고 해서 그것이 고서점 칼 콘라드 코레안더라는 글씨가 아닌 것은 아니다. 그것은 안쪽에서 본 풍경일 뿐이다. 방향을 달리하면, 뒤집어서 보면, 안에서 밖으로 내다보면 우리는 이 세상을 전혀 다른 모습으로 보게 된다는 암시이다. 그 암시는 이제 바스티안이 읽는 책 속의 환상계 안에서 펼쳐지는 구체적인 형상물들과 사건들로 이어진다.

자율적인 세계

환상계 안의 형상물과 사건들에는 철저히 자율적인 원리가 적용된다. 사라져 가는 환상계를 구할 임무를 띠고 환상계 안으로 탐색 여행을 떠나는 아트레유가 듣는 충고의 말에서 그 원리가 선언된다.

> 무슨 일이 일어나거든 그냥 내버려 두어라. 어린 여제 앞에서는 모든 것이 똑같은 것처럼 너도 악한 것이든 선한 것이든, 아름다운 것이든 추한 것이든, 어리석은 것이든 지혜로운 것이든 상관없이 전부 똑같이 여겨야 한다. 너는 그저 찾고 물어볼 수 있을 뿐이지, 자신의 생각에 따라 판단해서는 안 되는 거란다.(71쪽)

이것은 환상계를 다스리는 어린 여제의 명령이다. 환상계의 모든 존재는 자신의 존재 이유와 가치를 지니고 있으며 그것은 다른 모든 존재들에게 받아들여져야 한다. 독을 품은 추악한 괴물 이그라물까지도 그렇다. 타자의 존재를 인정하고 받아들일 때 이 세계는 유지될 수 있는 것이다.

> 어린 여제는 우리 모두를 원래 생긴 그대로 인정해 준다. 그래서 이그라물도 여제의 표시에 복종하는 거다.(118쪽)

아우린을 들이대는 아트레유에게 이그라물이 하는 말이다. 이그라물의 말이 진실임을 아는 아트레유는 기꺼이 이그라물의 독 이

빨에 자기 몸을 내맡기고, 그럼으로써 자신이 목표했던 신탁소로 갈 수 있게 된다.

모든 일은 그렇게 일어나게 되어 있다. 아트레유를 원정길에 내보낸 왕녀는 환상계를 구하는 길, 그 길을 알고 있는 인물, 그 인물을 데려오는 방법을 알고 있었다. 그러나 중요한 것은, 아는 것이 아니라 그 일이 일어나도록 하는 것이다. "네가 견뎌내야 했던 모든 것은 필요한 일이었단다. 내가 너를 대탐험길로 보낸 것은 네가 나에게 가져오려고 했던 그 소식 때문이 아니라, 그것이 우리의 구원자를 부를 수 있는 유일한 방법이었기 때문이야."(267쪽)라는 어린 여제의 말은, 세상에 구원을 가져오기 위해 그 모든 일을 불가피하게 치러 낸 예수를 연상시킨다. 신의 예정설과 인간과 세계의 자율성에 관한 갈등 섞인 기독교적 세계관의 울림인 것이다.

수수께끼, 거울, 열쇠의 세계

아트레유는 신탁을 듣기 위해, 그러니까 환상 세계를 구하는 방법을 알기 위해 세 관문을 거쳐야 한다. 스핑크스들이 지키는 위대한 수수께끼의 문, 마술 거울 문, 열쇠 없는 문이 그것이다. 말하자면 우리는 신비스러운 내면의 세계, 참된 가치의 세계로 들어가기 위해 그 과정을 겪어내야 한다는 것이다.

사람들이 견디지 못하고 그 자리에서 굳어 버린다는 스핑크스의 시선은, 세계의 모든 수수께끼를 내보내고 있다. 수수께끼를 내

보내는 스핑크스의 낯빛은 종잡을 수가 없다. 아트레유에게 그 얼굴은 "웃음을 짓고 있는지, 끝없는 슬픔을 반영하고 있는지, 아니면 완전히 무심한 것인지를 판가름하기란 어려"운 얼굴, "한참을 뚫어지게 바라보고 났을 때…… 뿌리 깊은 악의와 원한에 차 있는 것처럼 보였지만…… 어느새 티 없이 명랑한 표정밖에 안 보이는" 얼굴이다. 말하자면 세계의 모든 수수께끼란 도저히 종잡을 수 없이 다양한 표정을 한 인간이다. 그것은 그 시선 사이를 지나는 아트레유에게 "불가사의한 것에 대한 공포요, 모든 척도를 초월한 위대함에 대한, 엄청난 힘의 실체에 대한 공포"를 불러일으킨다. 그토록 공포스러운 인간. 그러나 아트레유가 그 시선 사이를 통과할 수 있었던 까닭은, 아마도 인간의 얼굴이 그토록 다양한 표정, 그토록 엄청난 힘과 위대함, 그토록 극심한 공포를 담고 있다는 것을 깨달았기 때문일 것이다.

　두 번째 마술 거울 문은 열려 있으면서도 닫혀 있거나 닫혀 있지도 않고 열려 있지도 않은, 커다란 거울이다. 그 거울에 비치는 것은 자기 외면의 모습이 아니라 "실상 그대로의 자기 내부의 참 본질"이다. 사람들은 수수께끼를 내는 스핑크스의 눈빛을 견뎌내지 못하는 것처럼 자기 자신의 참모습도 참아내지 못하고, 거울 속의 괴물을 보고는 비명을 지르며 도망간다. 스핑크스 앞에서 타인의 모습이 주는 공포를 견뎌낸 인간이라도 거울 속 자신의 참모습이 주는 공포는 견뎌내지 못한다.

　그리고 그런 공포를 이겨낸 인간이 마지막으로 이겨야 할 것은 자기 자신의 의지와 욕망이다. 환상의 셀레늄으로 만들어진 열쇠 없는 문은 손잡이도 꼭지도 열쇠 구멍도 없이 닫혀 있으며, "안으로 들어가려는 의지가 크면 클수록 더욱 단단하게" 닫힌다. "완전히 모든 의도를 잊어버리고 아무것도 원치 않는 사람 앞에서만 저절로 열리는" 문. 첫 번째와 두 번째 문을 통과한 아트레유도 이 세 번째 문 앞에서는 흥미를 잃고 돌아선다. 열망을 버리는 것이 아니라 관심을 버리는 아트레유. 그러나 그때 그를 붙잡은 것은 아트레유의 분신인 바스티안의 속삭임이다. 어두컴컴한 학교의 창고에 앉아 있던 바스티안은 여기서 처음으로, 환상계의 아트레유와 연대를 맺고 그와 함께 앞으로 나아간다. 공포스러운 타자와 공포스러운 자아를 극복한 사람에게는 자기 의지와 상관없이 자기를 도와주는 또 다른 자아가 떠오른다.

언어의 세계

세 번째 문을 통과한 아트레유 앞에 나타난 것은 이곳저곳에서, 때로는 높이 때로는 나직이 울리는 목소리이다. 눈에 보이는 실체는 없지만 그 목소리는 분명히 하나의 존재이다. 운율에 맞춰 화답할 때만 대화를 나누어 주는 목소리. 그것은 바로 시적인 언어, 즉 문학이다. 환상계를 구하기 위한 그 모든 모험 끝에 드디어 찾은, 해답을 주는 존재가 바로 '말'이라는 것을 알려주는 이 장면은 환상계의 영원한 생성과 소멸의 원리를 뚜렷하게 드러내 준다.

이 원리는 이름 붙이기, 이야기 만들기라는 구체적 외형을 갖는

♠

다. 아담의 아들들, 하와의 딸들이라고 하는 인간 종족들은 태초부터 이름을 주는 재능을 지니고 있었다. "어린 여제에게 새롭고 찬란한 이름들을 선사"함으로써 생명을 가져다주었던 그들이 더 이상 새로운 이름을 지어내지 않게 되면서, 그것은 환상계를 삼키는 무로 바뀐다. "오로지 올바른 이름만이 모든 존재와 사물에 그 실재를 부여"하는 것이다. 어린 여제는 "오로지 모험과 기적, 위험이 가득 찬 긴 이야기를 통해서만 너는 우리의 구세주를 내게로 끌어올 수 있"다고 말한다. 기존의 이름과는 다른 이름을 모든 존재와 사물에 붙여주고, 모험과 기적과 위험이 가득 찬 이야기를 지어내는 일, 그것이 바로 환상계를 살리는 일이다.

진실의 세계

그러나 모든 이름 붙이기와 이야기 짓기가 환상계를 살리는 일이 되지는 않는다. 잘못된 환상, 현실 속으로 빠져나가려는 환상은 오히려 환상계를 멸망시키는 힘으로 작용한다. 그것이 바로 무無이다. 무에 삼켜진 환상은 인간들을 겉보기와 진실을 구별할 수 없는 장님으로 만든다. 그것은 거짓말이다.

    아트레유를 뒤쫓던 늑대 인간 그모르크가 마지막으로 내뱉듯 설명하는 환상과 거짓말의 차이는 섬뜩하다. 환상계와 현실 세계를 드나들며 환상이 거짓말과 망상과 현혹으로 변하는 과정을 지켜보았던 그모르크의 독설은 바로 우리의 귓가에 부어지는 듯하다.

"……너희는 꿈속의 영상, 시의 세계의 허구, 어느 끝없는 이야기에 나오는 등장인물이야! 넌 네가 실재한다고 생각하냐, 꼬마야? 그래, 좋아. 여기 너의 세상에서는 그렇지. 하지만 무를 지나가면 넌 더 이상 실재하지 않는다. 넌 알아볼 수 없게 되어 버리지. 넌 다른 세계에 있는 거야. 거기에서 너희들은 완전히 달라지게 돼. 너희는 환각과 현혹을 인간 세상으로 가져가지. 맞혀 봐, 꼬마야. 무에 뛰어든 유령 도시의 주민들이 다 어떻게 되었을까?"

"난 몰라."

아트레유가 더듬거렸다.

"사람들의 머릿속에서 망상이 되지. 실제로는 아무것도 두려워할 게 없는데 상상의 두려움이 되고, 사람들을 병들게 하는 물건에 대한 욕심이 되고, 절망할 이유가 없는데 상상의 절망이 되지."

(228~229쪽)

근거 없고 실체 없는 절망과 불안과 욕망이 바로 그릇된 환상의 결과라는 것이다. 무에 삼켜진 환상은 사람들을 불필요한 물건을 사게 하거나, 알지도 못하는 것들을 증오하게 하고, 굴종시키는 권위를 만들게 하거나, 자기들을 구원할 존재를 의심하게 한다. 더 무서운 것은 그것을 빌미로 모든 환상을 없애 버리려고 하는 사람들이다. 그러나 그들은 그렇게 하는 것이 오히려 무를 불러들이고 인간 세계의 거짓말을 끊임없이 불어나게 한다는 사실을 모른다. "자신이야말로 아주 똑똑하다고 자부하고 진실에 종사한다고 믿고 있는" 그들은 오직 환상을 막는 일, 심지어 어린애들한테서까지도 환상을 막으려는 일에 잔뜩 열을 올린다.

그모르크의 날카로운 이빨 사이에서 냉소와 함께 뱉어진 이 말들은, 그 대목을 읽고 있던 바스티안에게 하나의 깨달음을 준다. 그는 환상의 세계와 현실의 세계는 서로 연결되어 있다는 것, 환상계가 병들면 인간 세상도 병든다는 것을 알게 된다. 그리고 그 두 세계를 다시 건강하게 가꾸기 위해서는 인간들도 환상계로 가야 한다는 것도 알게 된다. 자신이 부지중에 했던 거짓말과 인생에 대한 체념이 환상계에 얼마나 큰 무를 만들 수 있는지를 깨닫고 전율하는 그는, 마침내 환상계로, 책 속으로 뛰어든다. 이 세상을 진실하고 건강한 것으로 가꾸기 위해, 그 일을 이루는 데 자기에게 맡겨진 임무를 다하기 위해.

3

무엇이 진실한 언어이고 참된 환상인지 우리는 잘 알지 못한다. 모든 존재와 사물은 상반된 양면을 지니고 있으며, 진실의 뒤쪽에는 거짓이 있을 수 있기 때문이다. 그러나 한 가지 확실한 방법은, 그 환상이 그것을 겪은 인간에게 어떤 작용을 하는가를 보는 것이다. 그가 헛된 욕망과 근거 없는 불안, 까닭 없는 증오와 다른 인간을 굴욕적으로 만드는 권위 앞에 무릎을 꿇는가, 그것과 맞서 싸우는가를 보는 것이다. 무엇보다도 환상 자체를 인정하고, 그것이 우리 세상을 이루는 또 다른 실체라는 것을 인정하고, 그것을 건강하게 가꾸기 위해 노력하는가를 보는 일이다. 어린 여제는 그것을 이렇게 정리하고 있다.

> 우리에게 왔던 사람들은 모두 오직 여기서만 경험할 수 있는 것을 경험했고, 그 경험으로 그 사람들은 변화된 채 자기들 세계로 돌아갔지. 그들은 너희들의 참모습을 보았기 때문에 눈을 뜨게 되었단다. 그래서 그 사람들은 이제 그들 자신의 세계와 다른 사람들도 다른 눈으로 볼 수 있게 되었단다. 그전에는 그저 정상적인 일로 여겼던 것에서 갑자기 기적과 비밀을 발견하게 되었지. 그래서 그들은 기꺼이 우리를 찾아 환상 세계로 왔단다. 그리고 우리 세계가 풍요로워지고 번영하면 할수록 그들 세계에 거짓이 적어지고 그래서 더 완전해졌지. 우리 두 세계는 서로를 파괴할 수 있는 것처럼 서로를 건강하게 만들 수도 있단다.(269~270쪽)

엔데는 '무'에 먹혀들어 가는 환상계를 당시 유럽의 상황에 빗대면서 이렇게 말하고 있다. "이것은 한 소년에 관한 이야기입니다. 그는 위기의 밤, 그러니까 삶의 위기가 닥친 밤에 자신의 내면세계, 신비의 세계를 잃어버렸습니다. 그의 세계는 '무' 안으로 녹아 들어갔고, 그는 거기로 뛰어 들어가야 합니다. 그리고 우리가 그 무 안으로 뛰어 들어갈 용기가 있는 한, 우리는 우리 가장 깊은 곳에 있는 고유의 창조적 힘을 다시 일깨울 수 있으며 새로운 환상계, 즉 새로운 가치가 있는 세계를 창조할 수 있습니다."

위기의 밤이란 아마도 당시 유럽을 덮친 전쟁의 암운일 것이다. 전쟁이 일어나면서 사람들은 인간과 자연과 예술을 통해 얻었던 삶의 기쁨과 의미를 잃어버렸다. 마치 무에 먹혀들어 가는 환상계처럼. 그러나 엔데는 무에서 벗어나려면 거기서 도망가는 것이 아니라 바로 그 안으로 뛰어 들어가야 한다고 말한다. 그럼으로써 우리는 무를 무화시키고 삶에 새로운 의미와 가치를 주는 힘을 얻을 수 있다. 자기 삶을 의미 있고 가치 있게 하는 일, 그것이야말로 우리가 우리 자신의 삶과 이 세상의 주인이 되는 길일 것이다. 그러기 위해서는 우리를 괴롭히는 것을 정면으로 바라보고 그 안으로 뛰어 들어가는 용기가 필요하다. 그 과정에서 우리를 돕는 것이 바로 환상의 힘이다.

    이 현란하면서 장엄한 이야기에서 우리가 얻을 수 있는 것은 바로 이 사실이다. 작가가 동의하건 동의하지 않건 그것은 중요하지 않다. 어차피 우리 모두는 각자 자신만의 끝없는 이야기를 지으면서 자신의 환상계를 창조하는 임무를 갖고 있기 때문이다.

3

우리 판타지 세계

『모래요정과 다섯 아이들』(1902)의 한 장면
(H. R. 밀라 그림).

높았던 진입 장벽, 지금은?

21세기로 접어들던 때 한국 아동문학계에 판타지 붐이 인 적이 있었다. 아마도 1990년대 후반 몰아닥친 해리 포터 열풍과 무관하지 않았을 것이다. 전통적으로 리얼리즘 동화가 강세였고, 상상의 세계라고는 의인화나 꿈 혹은 도깨비 외에 별다른 장치가 없던 동화계에 해리 포터는 새로운 지경이 아닐 수 없었다. 몽상, 공상, 현실 도피로 백안시되었던 판타지, 아니, 그런 장르가 있었는지조차 모를 정도로 무심했던 판타지가 느닷없이 각광을 받았고, 수많은 동화작가들이 자신도 근사한 판타지 동화를 써보겠노라는 작심을 토로하곤 했다. 판타지를 공부하겠다며 팔을 걷어붙이고 나서는 경우도 많았다. 사실, '일개 동화'가 온 세상을 들었다 놓았다 하면서 그 작가에게 일시에 엄청난 부와 명성을 가져다주는 현장을 동시대에 목격하는 것만으로도 작가들은 흥분하고 고무될 만했다.

하지만 2000년대 초반 몇 년 동안 쏟아져 나온 수많은 판타지 중 문학적 인정을 받으며 대중적으로도 성공을 거둔 작품은 거의 없었고, 그리하여 그 열화 같던 판타지 붐은 얼마 지나지 않아 꺾이는 듯한 양상을 보였다. 판타지라는 것이 일순간의 결심이나 몇 달간의 공부로 제작될 수 있는 게 아니라는 사실을 작가들은 알아갔다. 독자들도 여전히 판타지보다는 리얼리즘 이야기를 더 편안해하고 미더워했다. 만화, 애니메이션, 컴퓨터 같은 여타 매체를 일찌감치 휘어잡은 판타지가 우리 동화에서는 힘을 쓰지 못했다. 해리 포터 이후로는 외국 동화도 해외에서만큼의 성공을 국내에서 함께 누린 작품이 없었다. 행여 하는 기대 아래 쏟아져 들어오던 번역 판타지의 붐은 곧 시들어갔다. 독일에서는 조앤 롤링 버금가는 위치에 놓이며 서점마다 단독 코너가 마련된 코넬리아 푼케의 수많은 작품들도 기이할 정도로 독자의 관심권에 들어서지 못했다.

다른 매체의 상상적 서사에 원천 역할을 해야 할 판타지가 왜 당시 한국 동화에서는 가뭄이었을까. 만화나 게임이나 애니메이션은 아이들이 스스로 선택하는 비율이 높은 데 비해 동화는 어른들이 골라주는 경우가 더 많다는 매체 특성에서 이유를 찾아볼 수 있다. 아이들은 자신의 정직한 즐거움을 위해 다운로드하고, 빌리고, 복사하고, 용돈을 털면서 상상의 세계로 기꺼이 뛰어들지만, 대부분의 어른들은 순전한 즐거움보다 계몽적이고 효용성 높은 가치를 위해 아이들에게 읽힐 책을 고른다. 판타지가 담고 있는 여러 가지 비현실적 장치 뒤에는 응축되고 변형된 날카로운 현실이 숨어 있으며, 그 현실을 뛰어넘는 이상을 아름답고 장엄하게 완성하려는 가열한

♠

노력이 있음을 인식하지 않는다면, 판타지는 아무 쓸모없는 이야기로 보이기 십상이다. 해리 포터 열풍을 우려의 눈으로 보던 어른들의 생각도 아마 거기에서 비롯되었을 것이다. 그런데 어른이란, 쓸모없는 것의 쓸모를 찾아내고 만들어내는 놀라운 능력을 어린 시절을 지나며 반납해버린 사람들 아닌가. 그러니 어른들은 공허하고 애매해 보이는 판타지 대신 주제와 소재가 확실히 분류되는 사실적 이야기를 집어 들어 아이들에게 내밀게 된다. 그리고 아이들은? 클릭 몇 번이면 휘황하고 신나는 가상의 세계가 눈앞에 나타나는데, 굳이 험한 길 돌아 상상 세계를 보여주는 책을 찾아가려 들겠는가.

그리하여 2000년대 초반 당시까지만 하더라도 국내에서 판타지는 여전히 낯선 장르에 머무르는 모습을 보인다. 판타지는 단순히 한 개인의 자유로운 상상에서 나오는 이야기가 아니다. 민족적 신화, 국가적 가치관, 종교적 세계관과 인간관, 공동체의 원형적 꿈, 과거의 기억, 미래의 희망 등이 깊고 넓은 토대를 이루는 것이 판타지다. 영국의 반지의 제왕 시리즈나 나니아 연대기, 미국의 오즈의 마법사 시리즈, 독일의 『끝없는 이야기』, 스웨덴의 『닐스의 이상한 여행』 같은 작품들을 대표적인 예로 들 수 있을 것이다. 판타지는 그런 전통적인 정신을 대단히 혁신적이고 혁명적인 기법으로 그려낸다. 눈에 보이는 대로의 주어진 세계를 거부하고 다른 세계를 찾아가겠다는 태도, 세상에 없는 것을 내가 만들어내겠다는 자세, 그런 것들이 들어 있는 전복적인 상상력과 환상 없이는 나오지 않는 것이 판타지이기 때문이다. 그렇게 전통과 혁명의 공존이 이루어지는 곳이 판타지이다. 상명하복의 수직적 이데올로기인 유교적 사회 질서 아래 있으면서 이것 아니면 저것이라는 대립 체계에서도 자유롭지 못했던 당시 우리에겐 이런 양 극단의 혼합과 공존이 낯설 수밖에 없었던 것이다. 특히 기존 질서와 체계를 넘어서는 혁신적 사고를 고무하는 영역은 찾아볼 수 없던 교육 풍토 속에서 어린이를 향한 판타지의 진입 장벽은 눈에 보이지 않게 높았던 듯하다.

판타지를 이런저런 각도로 정의하고, 서구 판타지의 역사를 훑어보고, 인상 깊었던 작품들을 리뷰하는 글을 쓰던 2000년 초반 나의 고민은 한국 판타지에 대한 고찰이 없다는 점이었다. 관심은 뜨거웠으나 정작 그 관심에 값하는 작품은 미지근했고 작가들의 분투는 별 결실을 맺지 못하는 것처럼 보였다. 그러나 그 암중모색이 쌓인 20년 뒤, 지금은 양상이 확연히 달라졌다. 이제 판타지는 딱히 장르 이름을 붙일 것도 없이 그냥 동화 그 자체로 받아들여진다. 공모전 당선작들, 그중에서도 회자되는 작품들 상당수가 판타지이다. 판타지는 이제 먼 옛날이나 훗날의 이야기도 아니고, 현실 저 너머 아득한 공간에서 낯선 존재들이 사는 세상도 아니다. 지금 이곳, 나와 내 이웃의 삶이 낯선 듯 보이지만 오히려 더 명료하게 그려지는 무대이다.

전통적인 삶의 양태와 사고방식이 무섭게 달라지는 시대에 전복적이고 혁명적인 판타지 정신이 일상에 자리 잡는 현상은 어쩌면 당연한 것인지도 모르겠다. 영화나 드라마, 웹툰과 웹소설 등 다른 문화 장르에서 거침없이 펼쳐지는 판타지 세계가 큰 자극이 되었을 수도 있다. 좀비는 이제 더 이상 외국 영화의 전유물이 아니라 의심

♠

의 눈길 아래서 격리되어 감시, 감독받는 청소년의 위치에 들어서는 가 하면◆ 우리 고전 속 인물과 자리바꿈을 하기도 한다.✢ 높아 보였던 판타지 장벽은 이제 자취를 찾기가 어려울 정도이다. 이 활짝 열린 판타지 세계의 양상을 이제는 이론과 평론이 따라가며 정리해보아야 할 차례가 아닐까. 전보다 무디어진 손끝을 들어 지형을 더듬어보기로 한다.

◆ 『새벽이 되면 떠나라』(정명섭 지음, 사계절, 2021)
✢ 『좀비 썰록』(김성희 외 지음, 시공사, 2019).

♧ 판타지의 시공간

한때 판타지의 꽃은 2차 세계였다. 톨킨이 자신의 판타지론에서 이름 붙인 이 세계는 현실에 없는 시공간을 말한다. 인간이 아닌 존재들이 일상의 법칙에서 벗어나는 마법적인 일들을 행하는 세계. 그런 세계는 『반지의 제왕』 중간계, 『사자와 마녀와 옷장』의 나니아, 『오즈의 마법사』의 오즈, 『피터 팬』의 네버랜드, 『끝없는 이야기』의 환상계, 『해리 포터』의 호그와트 등 셀 수 없이 많다.

사건이 일어나는 장소가 어디인지는 중요하다. 현실에 없는 세계를 창조해야 하는 판타지 작가에게는 더욱더 그렇다. "세계창조자로서 작가의 최고 관심사는 '인물이 어디에서 그 일을 하는가, 그곳은 인물에게 어떤 영향을 미치며 어떻게 그의 능력을 제한하는가'이다."라는 통찰이 제대로 적용되는 세계를 만들어내는 일은 판타지

♠ 『장르 글쓰기』(낸시 크레스 외 지음, 지여울 옮김, 다른, 2015) 217쪽.

작가에게 주어진 가장 막중한 임무라고 해도 과언이 아닐 것이다.

앞서 예시한 서구 하이 판타지의 영향 아래 판타지 붐이 일었던 2000년대 전후로 우리 동화도 이런 묵직한 2차 세계에 대한 관심이 높았다. 『고양이 학교』(김진경, 문학동네, 2001)에서는 방대한 신화를 배경으로 양과 음을 상징하는 수정 고양이와 그림자 고양이의 치열한 전투가 벌어지는 수정동굴이 무대로 설정된다. 『아로와 완전한 세계』(김혜진, 바람의아이들, 2004)에서는 주인공이 불완전한 세계인 현실에서 책 속의 완전한 세계로 들어가 열두 왕국을 통합하고 구원하는 임무를 받는다. '플로라'라는 이름의 행성이 무대인 『플로라의 비밀』(오진원, 문학과지성사, 2007)에서는 일곱 종족이 평화롭게 살다가 한 종족의 지배욕 때문에 전쟁에 휘말리게 된다. 이처럼 지하, 우주, 책 속과 같은 광대하고 신비한 공간 안에서는 그에 걸맞은 신화적이고 철학적인 사건이나 전쟁이 벌어진다. 그러면 가정폭력에 시달리던 아이는? 『영모가 사라졌다』(공지희, 비룡소. 2003)에서는 아이들이 집 근처에 있는 담 너머 숲으로 간다. 그리고 시간을 거스르는 삶, 현실과 환상을 오가는 삶을 살면서 자기 자신을 추스른다. 거대 담론이 아닌 아이의 삶이 중심에 놓이는 이야기에서는 공간도 그렇게 수렴된다.

시간의 왜곡, 공간의 확장

시간은 판타지 세계를 만드는 데 공간과 따로 떼어놓을 수 없는 중요한 기제다. 2000년대 영모가 사라진 숲이 현실과 분리된 공간과 현실을 거스르는 시간을 함께 운용해서 확실히 다른 개념의 다른 세상을 보여주었다면, 2010년대 들어서는 시간의 뒤틀린 운용만으로 판타지 공간을 만들어내는 작품들이 다수 눈에 띈다.

제목에서부터 판타지 장치를 명확히 드러내는 『거꾸로 가는 고양이 시계』(고재현, 책읽는곰, 2012)도 공간 배경을 넓히지는 않는다. 고양이 시계를 전해 받은 네 아이가 일이 년에서 십수 년을 되돌아가 지난 삶이나 가족과 맞닥뜨리는 시간 여행이 현실 공간을 완전히 다른 공간으로 만들어낸다. 타임 트래블 혹은 타임 슬립으로 불리는 이 장치는 19세기 후반부터 문학에서 즐겨 쓰였는데, 시간 여행을 통해 역사나 현재가 바뀌지 않아야 한다는 초기의 공식이 해체되는 양상을 관찰하는 것이 흥미롭다. 고양이 시계를 받은 네 아이는 상황을 바꾸려는 노력을 보이기도 하지만 근본적인 변화는 가져오지 못한다. 대신 현재 자신의 처지와 가족, 친구를 이해하고, 받아들이고, 현실을 견딜 수 있는 힘을 받는다. "달라진 것은 없었다. 그런데 그 사실이 몹시 기뻤다."라든가 "그래서 (친구가) 자신을 탓하지 않았으면 좋겠다."는 진술들이 이 이야기의 무게중심이다.

『시간 가게』(이나영, 문학동네, 2013)는 시간을 10분 멈추게 하는 대신 행복한 기억 하나를 지불한다는 설정이 흥미롭다. 일등 강요와 학원 순례에 지친 주인공이 멈춘 시간 10분으로 하는 일은 지각 면하기, 시험답안 몰래 보기, 친구 사이 틀어 놓기 등으로, 자신을 억누르는 현실 문제를 판타지로 타개하기보다는 그에 순응하는 상황을 강화하는 형국이다. 아이가 '지금 이 순간 나를 살자'는 모토 아래 시계를 부숨으로써 이야기는 마무리되는데, 제도와 관계에서 빚어진 문제를 결국 개인의 다짐으로 풀어내는 이 노선은, 판타지도 들어설 틈이 없는 질식 직전의 현실을 통렬하게 고발하는 듯하다.

아이들의 실존적 문제를 시간에 얹어 현실 공간에서 비틀어보려는 시도 맞은편에, 현실과 닿아 있지만 그 어떤 곳보다도 알 수 없는 죽음 이후의 세계를 공간 배경으로 내세워 풀어내려는 이야기들이 있다. 이 사후세계는 두려움을 불러일으키기보다는 자유와 치유를 찾게 해주는 기제로 작용한다는 점에서 주목할 만하다. 『기억을 가져온 아이』(김려령, 문학과지성사, 2007)에서는 부모의 이혼 뒤 할아버지까지 실종되자 죄책감에 시달리는 아이가 주인공이다. 할아버지 집의 헛간 벽을 통해 들어간 2차 세계에는 떠나온 이들의 마을이 있다. 기억에서 지워져 그곳에 사는 사람들은 명백히 죽은 이들을 상징하는데, 타인에게 잊혀서가 아니라 스스로 원해서 왔다는 할아버지의 말과 삶의 자세는 아이의 죄의식을 녹여줄 뿐 아니라 죽음을 향해 가는 생의 태도에 대한 깊은 생각의 실마리를 던져준다.

『유령 놀이』(서화교, 살림, 2014)는 살아 있는 아이들의 '유령 놀이'와, 실제 '유령'과 살아 있는 아이 사이의 '놀이'가 절묘하게 엮인 이야기다. 학업 스트레스로 자살한 아이의 유령인 죽은 자와 왕따 놀이에 끌려들어가 유령 노릇을 해야 하는 산 자 사이의 소통에 몸 바꿈 모티프가 적절하게 개입한다. 죽은 후 남의 몸을 빌리고 나서야 진작 살았어야 했던 삶을 살아보는 유령의 존재는 삶의 자세에 대해 힘 있는 메시지를 던진다. '땅 위 하늘 아래 세계'로 알쏭달쏭하게 일컬어지는 중간지대는 다양한 유령들과 저승사자들, 급기야 산자들까지 뒤섞여 독특한 활력을 뿜어낸다.

SF적 이야기가 동화의 큰 흐름 중 하나를 형성하게 된 뒤로는 당연히 우주가 판타지 공간의 주조가 된다. 지구와 달 사이에 설정되는 우주도시, 세계 멸망 뒤 사람들이 탈출해서 정착하는 머나먼 행성 등 다양한 공간이 나온다. 『널 만나러 지구로 갈게』(김성일, 돌베개, 2020)는 지구 외의 우주 배경이 지구와 긴밀한 연관을 이루며 그곳이 인물에게 어떤 영향을 미치고 어떻게 그의 능력을 제한하는가를 선명히 보여주는 작품이다. 생텍쥐페리의 『어린 왕자』에서 모티프를 가져온 이 이야기는 여우가 사는 사막을 비롯한 지구의 공간들과 아이가 사는 화성과 목성 사이 소행성, 그 사이를 잇는 우주 공간을 번갈아 펼치면서 서사와 캐릭터를 생생하게 담아내는데, 범상치 않은 과학지식에 기반한 치밀한 배경 묘사와 사건 전개가 개연성과 실감을 높인다. 광활한 사막에서 모래를 덮어쓴 고물의 계곡을 헤집고 다니며 도망자로 살아가는 여우, 열네 살이 되도록 진짜 사람을 만나본 적 없이 온통 하얀 벽인 기지에서 실험대상으로 살아가는 아이는 일종의 텔레파시로 교신을 하게 된다. 그 과정에 아이를 납치하는 임무를 받고 떠났다가 초속 1만 미터로 우주를 떠도는 신세가 된 비행사도 더해진다. 이 셋의 외로움과 그리움, 절망과 희망, 위기 상황에서 벗어나 서로 만나기 위해 기울이는 노력들이 짜여 펼쳐지는 이야기가 장대하면서 역동적이다. 서사와 과학적 배경이 서로를 방해하지 않으면서 적절하게 시너지 효과를 자아내는 믿음직한 작품 중 하나로 꼽힐 만하다.

판타지보다 오싹한 계급 현실

그 외에 눈에 띄는 경향 하나는, 시공간의 확장이나 왜곡도, 과학도, 심지어 판타지도 활용하지 않으면서 판타지를 만들어내는 배경으로 철저한 계급사회가 사용된다는 점이다. '계급 공간'이라고 이름 붙이고 싶어지는 이 배경은, 사실은 환상이 아니라 현실이며, 미래가 아니라 과거로부터의 연속이다. 귀족과 평민, 주인과 노예, 제국과 식민지, 부자와 빈자, 금수저와 흙수저까지. 근거와 양상이 무엇이든 간에 인간(뿐 아니라 동물 포함) 집단거주지에 반드시 적용되는 이 불평등 구분은 날을 세워 쪼개고 부풀리는 작가의 펜 끝에서 오싹한 환상성과 함께 날카로운 현실감을 부여한다. 시간 여행 소설의 선구로 불리는 『타임 머신』(H. G. 웰스, 1895)도 일종의 사회주의자였던 작가가 당시 영국의 계급사회를 비판하기 위해 서기 802701년에도 여전히 두 계급으로 나뉘어 지상과 지하에 따로 거주하는 인간 후손의 공간을 보여주는 이야기다. 이런 지상 지하 거주 설정은 이보다 20여 년 전인 1872년에 나온 조지 맥도널드의 『공주와 고블린』이 먼저 보여주고 있으니, 계급 공간에 대한 아동문학의 성찰은 상당히 깊은 뿌리를 갖고 있는 셈이다.

계급 공간을 지상과 지하로 나누어 엘리베이터로 이동하는 수직 양상을 『싱커』(배미주, 창비, 2010)가 충실히 구현하면서 깊이감을 주고 있다면, 『다윈 영의 악의 기원』(박지리, 사계절, 2016)은 수평으로 펼쳐진 9개 구역으로 촘촘히 나뉘었지만 열차로 어렵지 않게 이동 가능한 세계를 만들어 단절감과 함께 속도감도 부여하는 기묘한 분위기를 만들어낸다. 그런가 하면 『굿 파이트』(서화교, 상상의힘, 2017)는 인공 섬, 숲, 고층빌딩, 제3지대 등 추상적이거나 구체적인 여러 공간을 뒤섞어 환상성을 부각시키는 기법을 사용한다. 무엇보다도 흥미로운 공간이 설정된 곳은 『몬스터 바이러스 도시』(최양선, 문학동네, 2012)다. 재개발이라는 우리 사회의 독특한 주거환경 정책이 담겨 있기 때문이다. 폐자재로 지은 집에 사는 사람들의 마을과 그 마을을 밀어내고 들어서는 최첨단 도시의 대조는 수십 년 사이에 극단적인 개발 논리에 치여 흔적 없이 사라진 우리 사회 옛 거주지, 그 과정에 생겼다 사라지곤 하던 속칭 달동네, 그 안에서 살던 사람들의 삶의 방식을 떠올리게 한다. 여기에 '바람의 무덤'이라는 신화적 금기의 공간도 제시되는데, 공간 탐구 측면에서 더 깊이 나아갈 가능성을 안고 있는 듯하다.

기이한 현실 속 기이한 인물

마지막으로, 현실적으로는 어떤 특이점도 없어 보이지만 그 안에서 일어나는 인물들의 행위와 언어, 작가가 서술하는 방식을 통해서 기이한 환상 공간을 만들어내는 드문 예로 『하니와 코코』(최상희, 비룡소, 2017)를 들 수 있다. 교복은 입었지만 학교에는 가지 않는 주인공이 사는 곳은 어디에나 있을 법한 이 층 주택이다. 하지만 그 아이가 지내는 '설계도에는 없는 공간, 계획하지 않았던 곳, 존재하지만 존재하지 않아야 했을 방'에는 곧이어 나오는 불안하고 수상쩍은 그

『하니와 코코』(최상희 지음, 비룡소, 2017)

림, 간밤의 악몽, 황량한 정원이 이지러진 그림처럼 내다보이는, 바퀴벌레와 개미가 사방에 기어 다니는 등의 형용 덕분에 어디에도 없을 듯한 비현실감이 실린다. 아버지의 무지막지한 학대, 엄마의 끝없는 자살 기도를 냉랭한 아이러니를 담아 간결하기 짝이 없게 묘사하는 문장도 그 공간을 현실에서 까마득하게 떨어진 곳으로 바꿔놓는 데 기여한다. '푸르스름한 빛에 싸인 방은 마치 바다 바닥에 가라앉아 있는 것 같'고, 벽에 머리만 걸린 사슴이 어느 순간 '눈을 번쩍 뜨는' 집에서 남편이 새끼고양이를 패대기쳐 죽인 뒤 빠져나온 옆집 여자와 아이는 동행이 되어 '이왕이면 멀리, 세상 끝 같은 곳'으로의 여정에 나선다. '침엽수와 활엽수, 난대림과 온대림, 잠든 것과 깨어난 것, 산 것과 죽은 것들이 뒤섞인 기묘한 숲', '더 이상 물을 뿜어내지 않는 분수가 청록색 이끼를 덮은 채 잠들었고 페인트가 희끗희끗하게 벗어진 회전목마는 멈춰서 흐릿한 눈으로 광장을 응시하고 있'는 폐허 쇼핑몰 등 그 여정에서 만나는 공간은 하나같이 비현실적이지 않지만 현실 같지도 않은 감각을 일으킨다.

그러나 부모는 본 척도 않는 가운데 형들에게 피투성이가 되도록 맞는 소년을 두 사람이 식당에서 데리고 도망친 순간부터 분위기는 달라진다.

갑자기 돌풍이 불어오더니 무너진 건물 위로 회오리바람이 솟아올랐다. 주둥이가 뾰족한 짐승들이 뒷마당을 누볐다. 은빛 털이 달빛에 얼음처럼 반짝였다. 은빛 짐승들이 원을 그리며 달렸다.

이 급작스러운 전환에 이어 마술적 기운으로 가득 찬 숲, 코끼리와 사슴과 고양이와 여우가 안개 속에서 행진하는 빈터, 마침내 셋이 도착한 바다에서 물을 뚫고 솟구쳐 올라 하늘을 날아다니는 분홍 돌고래 등 아름다운 판타지가 전개된다. 이 이야기의 표면적인 테마는 아마도 어른 남자의 폭력에 맞서는 여자와 아이들의 연대로 집약될 수도 있겠지만, 한마디 슬로건으로 묶어버리기 미안할 정도로 다층적인 기묘함을 품고 있다. 소외와 멸시와 폭력과 외로움에 눌린 존재들을 이토록 신비하고 아름답게 살려낼 수 있는 것이 판타지의 힘 중 하나가 아닐까.

『하니와 코코』(최상희, 비룡소, 2017), 181쪽.

⸸ 판타지 세계의 주민

우선, 도깨비가 산다! 무에서 유를 창조하는 신비한 능력을 지니고 있지만 신적인 권위나 엄격함과는 거리가 멀고, 두려움이 아니라 (비)웃음을 불러오는 경우가 많으며, 뜬금없이 나타나 인간에게 시비나 내기를 걸지만 지기 일쑤인 도깨비. 서구 판타지 속 요정, 지니, 엘프, 고블린 등의 캐릭터와는 많이 다른 도깨비는 우리 어린이 판타지 캐릭터로 가장 사랑받는 듯하다. 옛이야기 재화의 비중이 압도적으로 높기는 하지만, 창작동화와 그림책에서도 때로 서툴고, 때로 코믹하고, 때로 정답고, 때로 정의로운 모습으로 지면을 누빈다. 시골 저수지에 사는 아기도깨비는 낚시 바구니의 붕어를 죄다 풀어준 뒤 그 안으로 대신 들어가 인간과 교류를 맺게 되며, 그림 속의 오토 제국으로도 뛰어든다. 제국의 태양을 깨뜨려 기계처럼 조종되는 사람들을 풀어주는 혁혁한 공을 세우는 아기도깨비˚는 인간에게 없는 능력으로 문제를 해결해주는 인간 우위의 존재다.

그런가 하면 집에서 뛰다 야단맞은 아이들에게 나타난 도깨비들은 자기도 시끄럽게 굴어 쫓겨났다며 위로해주고 함께 놀아주는 눈높이 친구가 된다. 방망이를 잃어버려 땅속에 백 년 동안 머리를 처박고 있어야 하는 벌을 받을 처지에 우왕좌왕하다가 인간 아이에게 도움을 청하는 도깨비 들은 시험지의 10점과 100점도 구별 못 할 정도로 어설픈 존재다. 500년 전의 도깨비가 나타나 수백 년 이어진 한과 원을 풀어내는 약간 으스스한 분위기의 이야기 가 있는가 하면, 현대 가정에서 서랍 속 먼지 뭉치의 모습으로 나타나 천의무봉한 마법으로 아이들 삶에 활기를 불어넣어 주는 사랑스러운 도깨비 도 있다.

도깨비, 구미호, 이무기와 늑대

인간의 위나 아래 혹은 옆에서, 신통력을 발휘해 도움을 주거나 반대로 도움을 받거나 아니면 놀이 친구가 되면서 도깨비는 어떤 판타지 캐릭터보다 더 넓은 차원과 영역 안에서 다층적 역할을 맡고 있다. 아랍인이었을 것으로 추측하는 처용을 필두로 도깨비는 중국과

◆ 『아기도깨비와 오토제국』(이현주, 웅진주니어, 1991).
◆ 『어두운 계단에서 도깨비가』(임정자, 창비, 2001).
◆ 『다락방 명탐정』(성완, 비룡소, 2013).
◆ 『도깨비 느티 서울 입성기』(천효정, 문학동네, 2012).
◆ 『나야 뭉치 도깨비야』(서화숙, 웅진주니어, 1994).

일본의 문화도 끼어들고, 서구 판타지 캐릭터들의 영향도 받아들이면서 범세계적이라고 할 수 있을 다채로운 형상과 성격을 보여준다. 불꽃이나 빗자루 혹은 건장한 남성으로 보이기도 하고, 풍요의 상징인가 하면 역병의 저주를 내리기도 한다. 아이들 모습으로 나타나면서도 방망이를 두드려 술과 고기를 나오게 해서 먹고 논다!◆

    이런 도깨비가 어린이 책에서 즐겨 전용되는 현상은 흥미롭다. 아마도 도깨비의 어수룩함과 장난스러움, 그러면서도 방망이나 감투 같은 도구를 이용한 마법 능력의 발휘, 인간과 어울리기 좋아하는 성향, 거기에 흔치 않지만 어린 도깨비의 존재 등이 어린이를 위한 판타지 스토리텔링에 적합한 모티프로 작용하기 때문일 것이다. 자유로운 형상의 캐릭터가 시공간을 넘나들며 다채로운 마법적 서사를 펼칠 수 있고, 공포에서 웃음까지 다양한 감정을 끌어낼 수 있는 도깨비 캐릭터의 쓰임새는 더 다양해질 수 있을 것이다.

    도깨비 외에 전통적인 판타지 캐릭터에는 무엇이 있을까? 구미호와 용이 있다. 꼬리 아홉 달린 여우가 인간이나 동물의 간을 꺼내 먹는다는 무시무시한 배경 이야기를 달고 있는 구미호. 하지만 『다락방 명탐정』에 출연하는 구미호는 아이를 보며 입맛만 다실 뿐, 그다지 위협적이지 않다. 어느 날 느닷없이 꼬리가 생겨나 구미호가 된 여자아이를 그린 『괴수학교 MS』(조영아, 비룡소, 2020)도 결국은 자기정체성과 우정 찾기의 여정을 밟는 성장담이다. 『임욱이 선생 승천 대작전』(김영주, 사계절, 2013)에서 999년 360일 된 이무기는 치

◆ 『도깨비, 잃어버린 우리의 신』(김종대, 인문서원, 2017) 참조.

과의사 노릇을 하며 여의주가 될 아이들의 마지막 젖니를 얻으려 고군분투하지만 인간과의 우정을 위해 다른 이무기와의 투쟁도 불사한다. 용과 인간의 중간 존재인 '용인'이라는 새로운 캐릭터가 등장하는 『용의 미래』(최양선, 문학과지성사, 2013)도 눈에 띄는데, 그들의 존재 이유는 '뛰어난 인간 되기'로 제시된다. 둔갑, 승천 등 초월적인 스케일의 전통 모티프들이 현재의 인간적 삶의 차원에서 펼쳐지는 양상이다.

이런 양상이 특히 선명하게 드러나는 이야기 중 하나로 『밥데기 죽데기』(권정생, 바오로딸, 1999)를 들 수 있을 것이다. 백일기도 뒤 할머니로 변신한 늑대가 달걀 두 개를 장만한다. 쑥과 마늘을 넣은 솥에서 삶아진 뒤 똥통에 한 달, 개울물에 한 달, 땅속에 한 달, 질경이 씨앗기름에 열흘, 그렇게 백 일을 지낸 달걀이 아이로 변신한다(서구의 마녀에게 빗자루와 가마솥이 있다면 우리에게는 도깨비방망이와 백 일이 있다!). 이 늑대 할머니의 변신 목적은 가족을 몰살시킨 사냥꾼 응징인데, 깊은 병으로 누워 있는 그에게는 피치 못할 이유가 있었다. 일제에서 미군정을 거쳐 전쟁과 분단에 이르는 한반도 상황, 원폭 피해자와 위안부까지 우리 아픈 역사가 그 과정에서 토로된다. 똥가루 마법으로 철조망과 총 같은 쇠붙이를 녹이고 지도자들의 마음도 녹여 통일을 이루는 늑대 할머니는 전통과 역사와 현재를 아우르고 환상과 현실을 이어주는 스케일 큰 판타지 캐릭터다.

마녀와 흡혈귀

언급한 김에 마녀를 찾아보자. 『마녀를 잡아라』 『사자와 마녀와 옷장』(이상 시공주니어) 같은 동화와 『마녀 위니』(비룡소) 같은 그림책 덕분일까, 마녀는 우리 동화에서도 가끔 제목에 올라오는 캐릭터이다. 마녀 엄마, 과자 마녀, 밴드 마녀, 툴툴 마녀, 빨간 머리 마녀, 마녀 교장 등등이 눈에 띄는데, 서구 동화의 마녀가 마법의 힘을 발휘하는 환상의 존재인 경우가 많은 데 비해 우리 동화에서는 대체로 복합적 뉘앙스의 별명으로 쓰인다는 점이 흥미롭다. 뭔가를 집착에 가깝게 좋아하거나, 남다른 특성으로 눈에 띄거나, 어떤 기예에 능한 여자아이들에게 이 별명이 붙는다. 아이들을 윽박지르고 조종하려 드는 여자 어른들도 이렇게 불린다. 마법을 쓰는 경우로는 영혼을 바꾸는 캡슐 마녀나 나쁜 짓 하는 아이를 단추로 만들어버리는 단추 마녀 등이 있다. 이 마녀들은 가볍고 코믹한 역할을 맡으면서 아이들이 한바탕 소동을 통해 뭔가를 이루거나 철이 드는 데 기여한다.

그런데 서구 동화든 우리 동화든 이런저런 마녀 캐릭터를 보는 심경은 복잡하다. 마녀가 어떻게 조작되어 고문당하고 처형됐는지를 생각하면 그렇다. 『마녀』(주경철, 생각의 힘, 2016)에서는 마녀사냥을 유럽사에서 가장 이해하기 힘든 현상 중 하나라고 말한다. 마녀는 그렇게 비정상적이고 비이성적인 광풍의 희생자들이었다는 것이다. 정치, 종교, 경제, 사회심리 등 복합적 배경이 설명되는데, 특히 눈길을 끄는 것은 "마을 내에서 전통적으로 유지되어 오던 기독교적 자선 혹은 부조를 하지 못한 사람들이 죄책감을 느끼게 되고,

그 결과 차라리 자선의 대상을 악마화하여 제거하는 경향이 생겨났다."라는 해석이다. 마녀는 충족시키지 못한 선의와 그에 따른 가책을 악의와 살의로 풀어내는 인간의 어두운 심연을 비추는 거울이기도 한 것이다. 근대 유럽에만 해당하는 경우겠는가. 악의 화신으로 그리거나 희화하는 것을 넘어 이런 배경과 인간의 심연을 넓고 깊게 보여주는 다양한 마녀 캐릭터는 충분히 개발될 만하다. 그것이 마녀로 몰려 무고하고 참혹하게 희생당한 (주로) 힘없는 여자와 노인, 아이들에 대한 인간으로서의 사죄 방법일 수도 있을 것이다.

마녀에 비해 드라큘라는 캐릭터 활용도가 훨씬 떨어지는 모양새다. 1960~70년대 어린이 활자매체에 흔히 등장하던 드라큘라나 흡혈박쥐 같은 흡혈 캐릭터는 거의 눈에 띄지 않는다. 유희적으로 전용하기에는 너무 강력하게 굳어 있는 이미지 때문일 것이다. 그런 가운데 독특한 드라큘라 이야기가 발견된다. 『토마큘라』(김용준, 책고래, 2019)는 제목이 알려주듯, 인간의 피 대신 토마토만 먹는 드라큘라다. 부모를 잃고 이모와 둘이 사는 아이의 앞집 주민 토마큘라는 죽지 않는 게 꼭 좋은 것만은 아니라는 신념 아래 은둔생활을 하

『토마큘라』(김용준 지음, 책고래, 2019)

다 아이와 친구가 된다. 조카 혼자 팽개쳐두고 해외여행을 간 이모에게서 아이를 제물로 넘겨받고 교사로 변신해 다가오는 흡혈귀를 막아낸 뒤 토마큘라는 한 줌 재로 스러진다. 기존 드라큘라의 이미지와 역할을 신선하게 비튼 재기와 탄탄하고 흥미로운 스토리에, 일그러지고 해체되지만 다시 세워지는 가족 개념이 묵직하게 얹혀 균형을 이룬다. 흡혈귀와 토마큘라와 인간의 피가 뒤섞이게 된 아이는 '혈연'을 뛰어넘는 새로운 가족 개념을 온몸으로 표상한다. "어떤 흡혈귀가 자기 피를 주어 누군가를 다시 사람으로 만든단 말인가"라는 말은 의문이나 감탄이 아니라 당위를 향해 나아간다.

유령, 인어, 쓰레기 괴물

위에서 우리 전통과 서구 전통의 캐릭터를 거칠게 나누어 살폈지만, 그런 구분이 무의미한 판타지 캐릭터로 유령을 들 수 있다. 죽은 자가 혼령으로, 혹은 다른 사람의 몸을 빌려, 혹은 어떤 다른 형상으로 나타난다는 설정은 동서고금을 막론하고 인간의 기본적인 공포와 소망을 반영한다. 앞서 공간에 대한 논의에서 언급한 『유령 놀이』와는 다른 분위기에서 다른 유령이 나타나는 이야기, 『분홍 문의 기적』(강정연, 비룡소, 2016)을 보자. 사고로 엄마를 잃은 아이와 아빠는 삶의 의욕을 잃고 엉망진창인 나날을 보낸다. 보다 못해 나타난 엄마의 유령. 감을 먹다 목에 걸린 씨를 빈 화분에 심자 다음 날 불쑥 자라난 나무의 열매가 톡 터지며 그 안에서 나타난 조그만 요정 모양의 엄마는 드물게 사랑스러운 유령이다. 이 유령 엄마가 지상에서 허락받은 72시간 동안 가족들과 하는 일은 하나도 환상적이지 않은 일상이지만, 그 일상이 얼마나 환상적으로 상처를 치유하고 살아갈 에너지를 충전시켜주는지가 따뜻하면서 경쾌하게 그려진다. 기본적으로 유령은 저세상과 이 세상 어디에도 속하지 않는 중간자로서 소외의 공포와 분노를 에너지원으로 삼는 존재로 그려진다. 거기에 어린이 책의 유령에게는 소통에의 갈망, 변화에의 의지, 다른 세계와 존재에 대한 호기심 같은 복합적 모티프가 더해진다. 이 엄마가 보여주는 활기찬 돌봄 모티프도 유령 캐릭터의 세계를 풍요롭게 해줄 수 있을 것이다.

그 외에 언급할 만한 캐릭터는, 인어와 쓰레기 괴물이다. 『미지의 파랑』(차율이, 고릴라박스, 2019)에서 스쿠버다이빙 중 바닷속 동굴을 통해 500여 년 전 조선으로 돌아간 아이가 인어를 만난다. 인어는 공중에서 꼬리지느러미를 흔들어 물기를 털어내면 곧 사람의 맨다리로 돌아가며 열다섯이 되면 늙지도 죽지도 않는 불멸의 존재다. 모계 중심인 인어들의 사회구조, 왜구들이나 탐관오리들과의 투쟁

『미지의 파랑』(차율이 지음, 고릴라박스, 2019)

서사가 흥미롭고, 물속에서 베를 짜는 인어, 그들이 흘린 눈물로 만든 파랑 구슬, 거기에 7년 동안 빌면 이루어지는 소원 등 판타지 캐릭터와 도구들이 풍부하다.

인간들이 버린 쓰레기가 땅속에서 괴물로 변해 도시가 혼란에 빠지자 괴물 조사단이 출동한다는 『땅속 괴물 몽테크리스토』(허가람, 웅진주니어, 2015)에는 덩치는 어마어마하지만 성정은 부드러워 알고 보면 사랑스러운 괴물 캐릭터가 잘 살아 있다. 천방지축 우왕좌왕하는 유머러스한 괴물 조사단을 이루는 다양한 인물 구성원들도 하나하나가 생생하다. 덕분에 쓰레기를 함부로 버리지 말자는 환경 메시지의 무게에만 눌리지 않을 수 있다. 여기에는 탄력 있으면서 유머러스한 문체도 한몫 거든다.

캐릭터는 판타지이건 사실적 이야기이건, 픽션에서 가장 중요한 요소다. "당신의 소설은 이야기를 움직이고 그 속에서 움직이는 인물을 통해서만 성공할 수 있다"는 말이 소설에만 국한되는 것은 아닐 것이다. 강력하고, 새롭고, 개연성 있고, 살아 움직이면서 서사를 탄탄하게 짜나가고 깊은 울림을 던지는 메시지를 전달하는 캐릭터가 쌓일 때 판타지 세계도 풍성해질 수 있다.

♠ 『라이팅 픽션』(재닛 버로웨이 지음, 문지혁 옮김, 위즈덤하우스, 2020), 96쪽.

"안 보이는 것도 봐야 해!"

언젠가 파주 통일전망대에 갔을 때였다. 안개 자욱한 날이라 건물 옥상 전망대에는 사람이 거의 없었는데, 어떤 엄마와 아들이 500원 짜리 동전을 넣어야 작동하는 망원경 앞에서 실랑이를 벌이고 있었다. 초등학교 3, 4학년쯤 돼 보이는 아이는 동전을 요구하고, 엄마는 거절하는 중이었다. 안개로 아무것도 안 보이는데 왜 쓸데없이 돈을 낭비하느냐는 엄마의 말에 아이가 소리쳤다.

"안 보이는 것도 봐야 해!"

우와! 나는 마음속으로 무릎을 탁 쳤다. 이 아이는 지금 판타지의 핵심을, 음절 하나 더하고 뺄 것도 없이 예리하고 정확하게 선언한 것이다! 판타지의 기본적 낱말의 뜻은 공상, 상상이지만, 거기서 더 문학적으로 들어가자면 안 보이는 것을 보아내는 일이다. 어떤 작가가 안 보이는 것을 보이도록 만들어서 독자에게 내놓은 작품이다. 단순한 공상이나 상상과 달리 어떤 체계와 의미를 갖춘 언어활동이라는 것이다. 자욱한 안개 속에서 안 보이는 것도 봐야 하는 임무를 자진해서 받아들고 나선 작가들은 무엇을 보려는 것이었을까.

가장 먼저, 앞을 보고 싶었을 것이다. 무엇이 올지, 어떻게 될지 모를 앞날. 그들은 과거나 현재가 아닌 미래를 예측하거나 상상한다. 혹은 달라질 우리 삶의 양태를 언제인지 모를 시점, 어디인지 모를 공간에 풀어놓는다.

앞길을 살피는 작품들에서 가장 앞자리에 나오는 특징은 SF적인 경향이었다. 무서운 속도로 발달하는 과학기술이 생활 모든 면을 파고들어 오며 급격한 변화를 일으키는 시대에 당연한 현상일 것이다. "늘 말하지만, 우리는 과학이 지배하는 시대를 살고 있다. 현대에는 과학소설이 사회소설이며, 우리의 현실을 가장 직설적으로 반영하는 문학이다."◆ 라는 선언은 어른문학뿐 아니라 아동청소년문학에도 일찌감치 해당되고 있었다. 이미 2000년대 초중반에 『씨앗을 지키는 사람들』(안미란, 창비, 2001)과 『지엠오 아이』(문선이, 창비, 2005)처럼 유전자 조작 문제를 다룬 이야기들이 주목을 받았다. 인간이 로봇을 부리고, 용변을 보면 자동으로 건강이 체크되고, 전화나 메일 작업을 시계로 할 수 있다는 설정은 20년도 채 지나지 않은 현재에는 더 이상 판타지가 아닌 현실에 닿아 있다. 씨앗을 독점하고 유전자를 조작하는 다국적 거대기업의 횡포도 이미 현재진행 시점의

◆ 『SF 거장과 걸작의 연대기』(김보영 외, 돌베개, 2018), 6쪽.

일이다. 인간 아이의 유전자를 조작해서 우수한 인적 자원 제품을 생산하거나 오류 있는 제품은 폐기하는 설정도 조만간 더 이상 가정만은 아니게 될 것이다.

더욱 극심해지는 빈부 격차나 자연 파괴 같은 갈등과 함께 제기되는 이런 문제들은, 과학적 해결이 아닌 인물들의 윤리적, 사회적 신념이나 인간적 감성에 의한 해결점을 향해 나아간다. 시민단체가 만든 협동농장에서 씨앗이 지켜지거나, 완벽한 과학적 진보에 대한 차갑고 굳건한 맹신은 미약하지만 따뜻한 마음에 의해 녹아내린다. 이후 과학적 배경이 우주 같은 거시세계나 바이러스 세상 같은 미시세계로 뻗어 나가고 서사는 인간과 로봇의 대결(『로봇의 별』이현, 푸른숲주니어, 2010), 박테리아의 인간 지배나 바이러스와 박테리아의 대결(『64의 비밀』박용기, 바람의아이들, 2004)처럼 복잡해지고 정교해지는 때에도, 이야기의 초점은 인간성에 관한 질문과 탐구에 맞춰져 있는 편이다. 인간성이 부여된 로봇들은 자해, 자살, 자유를 찾는 탈주를 감행하고, 스스로 성장하는 아이로 비유되는 그 로봇들 위로 인류의 희망이 얹힌다. DNA에서부터 우주먼지에 이르기까지 촘촘하고 현란한 과학지식의 배경 위에 강조되는 것은 철학적 사유를 통한 인간과 인류의 본질 찾기이다.

그런 설정이나 서사와 맥을 같이하되 해결에서는 다른 지향을 보여주는 작품으로 『싱커』를 들 수 있다. 22세기 중엽, 기후 대재앙을 맞아 인류는 지하에 건설된 철저한 계급사회, 통제사회 안에서 살아간다. 인간의 평균 수명은 200세로 늘었지만 어른들이 은퇴할 줄 모르는 장수사회에서 미래로 향한 기회의 문은 절망적으로 좁고,

계급상승을 위해 필사적으로 노력해야 하는 젊은이들의 현재는 암울하다. 여기에 식량을 무기로 부와 권력 독점의 음모를 휘두르는 대기업. 이에 맞서는 젊은이들의 무기는 독특하게도, 인간성이 아닌 야성이다. 버려진 실험 영토인 신 아마존에 자생하던 동물들이, 동물이라고는 본 적 없던 아이들과 접촉(싱크)하게 되는 것이다. 동물의 몸으로 인간의 정신이 들어가 같은 감각과 감정을 나눌 수 있는 게임이라는 고도의 미래적 장치를 통해서 달성되는 것은, 인간의 개입이 없었던 먼 과거의 원초적 생명력 획득이다. 이 지점에서 미래의 미래는 과거라는 작가 고유의 명제가 세워진다. 동물의 몸속으로 인간이 들어가면서 새로운 판타지 공간의 가능성도 비친다. 예전의 판타지가 추구했던 2차 공간, 옷장이나 동굴이나 그림을 통해서 드나들던 다른 세계가 아니라, 나와 너의 몸이 판타지 공간이 될 수 있다는 것이다.

    이와 비슷한 배경에서 또 다른 지향점을 보여주는 작품은『몬스터 바이러스 도시』다. 원주민을 밀어내고 차근차근 건설되는 호화로운 신도시에 아이들 몸이 기형으로 변하는 바이러스가 돌기 시작한다. 그를 빌미로 다시 신도시를 세우려는 세력과 떠나지 않으려는 원주민들 사이에 갈등이 일고, 여기에 신비한 주술적 힘을 가진 인물들도 개입된다. 현재 우리 사회의 폭력적 재개발, 기형적 교육, 암울한 환경 문제 등이 투영된 모티프들이 얽혀 있는데, 개선과 치유와 변화의 의지를 보여주는 인물들에 의해 희망의 실마리가 풀린다. 이러한 의지가 투지로 발전하는 이야기가『굿 파이트』다. 역시 엄격하게 계층이 나뉘고 철저하게 통제되는 인공 섬 가상도시에서

정부는 조작된 원폭 사고라는 거대한 거짓과 폭력적인 강압으로 체제를 이어간다. 하위계층인 주인공은 '아무리 발버둥 쳐 봤자 우리가 할 수 있는 큰일이란 룩스 시민을 위한 일뿐이라는 것'을 뼈저리게 자각하고 있다. 그러다 주어진 실낱같은 신분상승 기회에 들뜨지만, 감추어져 있던 가족사와 멀리서 밀려오는 혁명의 기운에 눈 뜬 뒤 자세가 달라진다. 제목 그대로 좋은 싸움을 싸우겠다는 것이다. 감성이나 인간성, 윤리나 철학의 밑바탕 위에 돌올한 투지를 통해서 앞날을 확보하겠다는, 그야말로 투지만만한 새로운 시각이 우리 청소년 책에 덧붙여진 셈이다.

그에 반해 암울하고 부정적인 시각과 설정으로 인간과 세계에 대한 무거운 질문을 던져 놓는 이야기들도 있다. 『거짓말 학교』(전성희, 문학동네, 2009)는 아마 그 첫자리 어딘가에 놓일 것이다. 제주도에서 멀리 떨어진 섬이라는 공간과 명확하지 않은 시간 배경 위에 세워진, 제목 그대로 거짓말을 가르치는 국립학교가 무대이다. 학생들은 거짓교육헌장을 암송해야 하고, 배우는 과목은 거짓학, 논리학, 진실학 등이다. 과학이나 미래보다는 패러디, 풍자, 냉소를 주조로 하는 이 이야기의 메시지는 결국, 아무도 아무것도 믿지 말자는 것이다.

이런 비관적 시각은 『다윈 영의 악의 기원』에서 정점을 찍는다. 언제인지 모르는 시간 속에, 『헝거 게임』이나 『다이버전트』처럼 엄혹하게 계층이 나뉘어 통제되는 사회가 배경이다. "진실의 가치는 지나치게 과장되어 있다. 그것이 내가 믿는, 이 세상에서 유일하게 가치 있는 진실이다." "모두의 마음속에 존재하는데, 아무도 서로의 내면에 그런 인간이 존재하는지를 모르는 인간이 있다." 이 두 문장이 이 작품의 테마를 집약해 보여준다. 절대적으로 순수하기를 열망하던 다윈 영이라는 젊은이가 거의 절대 악이라고 할 수 있는 상태로 돌아서기까지의 과정이 촘촘하게 그려지는 이야기는 원고지 3,000매 정도라는 막대한 분량에도 불구하고 속도감 있게 읽힌다. 잘 짜인 서사와 매력적인 인물들, 추리소설적 전개 과정이 그 흡인력을 만들어낸다. 그러나 무엇보다도 이 작품이 독자에게 큰 파장을 일으키는 지점은, 과학이나 상상이나 추리나 그로테스크, 그 모든 요소들이 결국은 인간과 세계의 본질에 대한 깊고 고통스러운 탐구와 그 작가만의 대답에 있다는 것을 깨우쳐준다는 데 있을 것이다.

지금까지 둘러본 SF적 혹은 미래소설적인 세계를 거의 대부분 아우르면서 새로운 개성을 보여주는 작가 중 하나를 들자면, 최영희를 거론할 만하다. 제1회 한낙원문학상 수상작품인 「안녕 베타」(『안녕, 베타』 최영희 외, 사계절, 2015)는 로봇이나 안드로이드, 복제인간과는 또 다른 대체 인간을 내세운다. 원인간의 신체를 그대로 재생한 제품과 원인간 사이에 기묘한 갈등 기류가 흐른다. "지금껏 '나'라고 생각했던 것들이 인공 지능, 인공 신경 체계와 골격, 단백질 폴리머 따위로 완벽에 가깝게 재현된다는 게 어이없"는 진아. 몇 년에 한 번씩 새로운 원인간을 만나 계속 변형 재생되는 삶에 지친 나머지 바이오칩을 빼고 도주하려는 계획을 세우는 대체 인간 베타. 베타를 믿지 못해 떨떠름해하고 짜증을 내는 진아에 비해 "너 같은 원인간이 중고품 대체 인간의 유구한 삶과 죽음을 알 리 없지. 나처럼 살고 죽기를 반복하다 보면 알게 되는 것들이 많아."라든가 "쫓겨 다니지 않고 사람들 틈에 묻혀 지내고 싶어. 그래야 내가 누군지, 앞으로 어떻게 살아야 할지 생각할 시간이 생길 테니까."라는 말을 눈가에 쓴웃음 지으며 내뱉는 베타가 훨씬 더 인간적인 깊이를 가진 존재로 보인다. 결국 베타의 도주를 돕고, 꼭 살아남아서 자기를 보러 오라는 명령을 내리는 진아는 모든 문학, 특히 아동청소년 작품의 가장 소중한 가치인 성장을 빛나게 구현하는 캐릭터로 새겨진다. 탄탄한 구성, 과장된 감성이나 군더더기 없는 진행, 탄력 있는 문장, 무엇보다 적절하게 살짝 구사되는 유머 감각이 이 작가만의 개성적 세계 구축을 돕는다.

    이후의 작품들에서도 최영희는 다양한 세계를 보여준다. 지구 멸망 뒤 살아남은 인간들이 먼 우주에 새 터전을 마련하지만, 지구의 식민지 개척 시절 과오는 되풀이되고, 그것을 막기 위해 알렙이 활약한다는 『알렙이 알렙에게』(해와나무, 2018)는 '인간이 정말로 이 세계의 주인인가?'를 묻는다. 그런가 하면 『칢』(창비, 2020)은 익숙하던 일상이 정체 모를 괴물에게 점령당하는 공포를 안기는데, 그런 공포 속에서도 '동생의 애착 담요를 챙기지 못한 자에게는 물러설 곳이 없다.'는 식의 유머로 독자에게 감정의 안전지대를 확보해준다. 이런 작가들의 손끝을 통해 우리의 앞날은 어떻게 창의적으로 구축되고, 우리는 어떤 새로운 혹은 새삼스러운 통찰을 얻게 될 수 있을까. 그 전망은 그다지 어둡지 않아 보인다.

‡ 가볍지만 가볍지 않은 판타지

옥스퍼드 어린이문학 사전이 판타지 정의 중 한 부분을 대체로 소설 길이의 픽션이라고 했을 때 그 판타지는 톨킨의 반지의 제왕 시리즈나 C. S. 루이스의 나니아 연대기 같은 대하소설, 최소한 『이상한 나라의 앨리스』 정도 규모의 구성을 갖춘 장편을 말한다. 아니, 그렇다면 「호기심꾸러기 프리드리히」♦는? 「학교에 간 사자」+는? 『가벼운 공주』♦는?

♦ 에리히 캐스트너 『이발소의 돼지』(김서정 옮김, 시공주니어, 1995. 원글 출판 1962) 중 단편. 엿듣기 대장 프리드리히에게 냄비 속에 들어앉은 탐정이 나타나 벽과 문을 꿰뚫고 들여다볼 수 있는 마법 주문을 가르쳐준다.

+ 필리파 피어스 『학교에 간 사자』(햇살과나무꾼 옮김, 논장, 1999. 원글 출판 1985) 중 단편. 학교 가는 길에 나타난 사자와 함께 교실에 들어간 여자아이 이야기. 얌전히 수업 듣던 사자는 쉬는 시간에 여자아이를 괴롭히던 남자아이에게 무시무시하게 으르렁거려 쫓아버린다.

마법이 난무하는 것도 아니고, 선과 악의 치열한 대결이 있는 것도 아닌 짧고 가벼운 이야기는 판타지 논의에서 비켜서 있는 편이었다. '라이트 판타지'라는 용어 아래 갈무리하려 시도한 이론서도 있었지만 확산되지는 못했다. 판타지 역사가 우리보다 긴 서구에서도 그랬으니 우리 동화는 말할 것도 없다. 하지만 2000년대 전후로 단편집 속에 묻혀 그다지 주목받지 못했던 짤막한 환상적 이야기들이 본격적인 거론의 대상에 오르기 시작했다. 아마도 『학교에 간 사자』와 더불어 『어두운 계단에서 도깨비가』(임정자, 창비, 2001)가 그 견인차 역할을 했을 것이다. 낙지에게 받은 장화를 신은 채 천장과 벽을 마음대로 걸어 다니고, 계단에서 도깨비들과 한바탕 놀이판을 벌이고, 별나라로 날아가 엄마의 어릴 적 기억상자를 가져오는 등 이 책이 보여준 환상세계는 드물게 유쾌하고 흔쾌한 것들이었다. 거기에 이 환상들이 맥락 없는 공상으로 떨어지지 않게 해주는 심리적, 사회적 배경도 탄탄했다. 산 채로 끓는 물에 들어가야 하는 낙지가 가엾어 살려주려 한 아이의 마음은 생명, 생태, 음식문화 문제의 실마리와 연결시킬 수 있는 것이었다. 엄마에게 맞거나, 소통이 어렵거나, 억압적인 훈·교육에 짓눌려 있거나, 층간소음 문제로 위축돼 있는 아이들 삶의 현장도 더불어 떠오르는 모티프들이었다.

　조지 맥도널드 『가벼운 공주』(이경혜 옮김, 문학과지성사, 2008. 원글 출판 1867). 「잠자는 숲속의 공주」가 모티프인 짧은 장편이다. 마녀의 저주로 중력을 받지 않게 된 가벼운 공주와 자기 목숨을 던져 그녀에게 중력을 되돌려주는 왕자 이야기를 근대적으로 풀어냈다.

가벼운 이야기, 가볍지 않은 주제

이후 아이들이 삶 속에서 일어나는 갈등과 상처와 고민을 가벼운 환상으로 맞받아치며 풀어나가는 짧은 이야기는 다양한 변주를 보이면서 우리 어린이 책의 한 갈래로 자리 잡아간다. 분량이나 구조상 초등 고학년보다는 저학년용 자리에 위치하면서, 탄력과 유머, 긍정성과 낙천성을 주조로 삼기도 한다. 부담 없이 읽으면서 재미를 누리고 메시지도 어렵지 않게 찾을 수 있어 독자와 작가, 교사나 사서 같은 매개자들과의 거리도 손쉽게 좁힐 수 있다. 『만복이네 떡집』(김리리, 비룡소, 2010)에는 거기에 떡이라는 소재로 펼치는 감각의 향연이 더해진다. "입에 척 들러붙어 말을 못하게 되는 찹쌀떡, 허파에 바람이 들어 비실비실 웃게 되는 바람떡, 달콤한 말이 술술 나오는 꿀떡, (……) 다른 사람 생각이 쑥덕쑥덕 들리는 쑥떡" 같은 말놀이도 흥겹다. 미운 말만 골라 하는 만복이가 신기한 떡집을 발견한 뒤 착하고 다정하고 배려 많은 아이로 거듭난다는 주제는 그야말로 금상첨화다. 그로부터 10년 뒤인 2020년에 나온 『장군이네 떡집』, 『소원 떡집』에 대한 반응도 여전히 뜨겁다. 자기개선, 자기긍정, 자기치유 같은 무거운 주제를 들어올리기 위해서 꼭 힘과 근육이 필요한 것은 아님을 이 떡집들이 보여준다.

『나는 임금님이야』(이미현, 비룡소. 2013)는 더 무거운 배경에서 더 깊은 모티프들을 사용한다. 식당일 하는 엄마의 늦은 귀가, 불편한 다리, 친구들의 놀림, 개에 대한 두려움 등에 눌려 있는 아이가 혼자 지하층 방안에 앉아 있는 모습이 침착하고 꼼꼼한 문장과 여리면

『나는 임금님이야』(이미현 지음, 비룡소, 2013)

서 애조 띤 그림으로 묘사된 시작 장면에 독자 마음도 애틋해진다. 다른 할 일이 정말 아무것도 없던 아이는 자기 발을 아주아주 오래 내려다보는데, 두 발 사이에 갑자기 호리병이 생기고 그 안에서 '하나같이 나랑 똑같은 얼굴인' 작은 인간들이 몰려나온다. 두 발 사이, 그러니까 다리 사이에 호리병이 생기고 거기서 작은 인간이 나오는 설정은 명백히 아이 낳는 장면을 연상시킨다. 지하방과 발로 이어지는 하강 코드, 오랜 자기 응시 끝에 수많은 자아를 꺼내보는 자기발견 코드를 이런 '가벼운 판타지'에 적용시키다니, 놀랍다.

임금님이 이름인 이 여자아이는 자기 백성인 작은 인간들의 온갖 요구를 들어주며 그들을 잘 보살피려 애쓰고, 백성들은 아이를 임금으로 극진히 모신다. 그 결과 움츠러들어 있던 자아가 펴지면서 긍정적인 자기정체성을 쌓게 된다. 아이가 행복을 찾게 된다는 해피엔딩인 이 이야기는, 신선한 발상과 심리적인 깊이, 자기긍정과 자신감 회복이라는 모범적인 주제에도 불구하고 거의 주목을 받지 못한 것 같다. 아마도 발단부의 그 하강 코드 거리감과 아이답지 않은

(혹은 그렇다고 여겨질 수도 있는) 심리적 깊이가 낯설었을 것이다. 작가가 이 이야기를 너무 일찍 낳은 걸까.

『엄마 사용법』(김성진, 창비. 2012)도 꽤 앞서가는 코드를 보여준 판타지다. 여덟 살 아이가 생애 처음 갖게 된 엄마는 주문 제작한 로봇이고, 기능적인 업무 수행 외에 감정적인 교류는 금지되어 있다. 웃음을 보이며 아이에게 사랑을 주는 로봇은 불량품으로, 폐기처분감이다. 엄마 로봇에게 감정을 가르치고, 그를 수거하러 온 사냥꾼과 맞서 싸우는 아이라는 설정은 도발적일 정도로 신선하다. 엄마라는 존재의 정체성, 자신과의 관계성을 스스로 세우고, 어른들의 통념과 사회적 규율 심지어 법질서까지 거스르며 자기 정의를 지키기 위해 싸우는 아이의 캐릭터를 우리 동화가 얼마나 가지고 있었을까. 그 싸움이 분노나 충동이 아니라 사고와 관찰과 토론의 결과라는 것도 이 캐릭터를 도드라지게 만들고 이야기에 무게감을 부여한다. 가벼운 판타지가 반드시 통통 튀는 경량급이어야만 하는 것은 아니다.

몸 바꿔 살아봐

가벼운 환상을 보여주는 이야기들을 살피는 중에 발견한 가장 두드러진 특징 중 하나가 몸 바꾸기 body swap 모티프가 많이 쓰인다는 점이었다. 『마법의 빨간 립스틱』(공지희, 비룡소, 2008. 첫 출간 푸른책들, 2002)이 아마도 앞자리에 놓일 법하다. 아이가 고단한 삶을 넘어서는 방편으로 판타지를 끌어온다는 보편적 맥락의 이야기에 빨간 립스틱을 바르고 엄마의 몸으로 변신한다는 설정이 얹혀 신선한 시도로 눈길을 끌었다. 몸 바꾸기 모티프는 18세기 중반부터 영국 소설에서 스토리텔링의 한 장치로 쓰이기 시작했는데, 아버지와 아들, 엄마와 딸, 할아버지와 손자처럼 어른과 아이의 몸이 서로 뒤바뀐다는 설정이 잦은 덕에 어린이문학에서도 무리 없이 차용될 수 있었던 듯하다. 『캡슐 마녀의 수리수리 약국』(김소민, 비룡소, 2012)에서는 아버지와 몸이 바뀐 아들이 아버지 대신 소개팅에 나가 벌이는 소동이 웃음을 자아낸다. 『마법의 빨간 부적』(김리리, 창비, 2018)에서는 형제의 몸이 서로 바뀌는 데 이어 할머니가 강아지로, 강아지가 할머니로 변하는 지경에까지 이른다. 대상이 꼭 사람이나 동물이어야 하는 것은 아니다. 『레기 내 동생』(최도영, 비룡소, 2019)은 자매가 아웅다웅하다가 동생은 쓰레기 가득 찬 봉지로, 언니는 찌그러진 깡통으로 변하는, 과격해서 통쾌한 변신까지 나아간다.

 몸 바꾸기 장치의 기능이나 효용은 쉽게 꺼낼 수 있다. 빨리 어른이 되고 싶은 마음, 얄미운 형제자매를 없애거나 골탕 먹이고 싶은 심정, 다른 존재가 되어보고 싶은 소망 등이 충족된다. 그렇게 다른 세상을 체험하고 온 뒤에는 부모와의 사이, 형제자매와의 사이가 돈독해진다. 이해의 폭이 넓어지는 성장 기제를 갖추게 된다. 맞바뀐 두 존재 사이에서 일어나는 갈등은 독자에게 유쾌한 카타르시스를 안긴다. 몸이 바뀐 나를 보며 이전의 나와 지금의 나 중에 어떤 것이 진짜일까, 내 몸을 입은 저 존재와 내 생각이 들어 있는 이 존재 중에 어떤 것이 참된 나일까 같은 질문을 통해 자기정체성을 세워나가는 과정도 소중하다. 그런가 하면 립스틱 바르고 힐을 신은 어른이 고무줄놀이를 한다거나, 홀아비 아빠 몸으로 들어가 소개팅에 나간 아들이 아줌마를 떡볶이 가게로 데려갔다가 '찌찌 있는 부분에 국물이 튀었'다며 닦아주려 들거나 '떡볶이만 시키고 튀김은 안 시켜서 화났나?' 의아해하는 장면 등의 아이러니도 이런 이야기만의 재미이다.

그러나 이런 종류의 재미에서 한 가지 유의할 점은, 페리 노들먼이 우려한 것처럼 우리에게 어린아이의 무식함에서 즐거움을 느끼라고 요구하는 것처럼 보이는 게 아닐까를 점검하는 일이다. 노들먼은 "이론적으로 어린이들을 위해서 쓰였다는 수많은 시들은, 어린이들의 목소리를 차용해서 우리가 화자의 순진함을 통해 세상을 보고 거기에 우월감을 느끼도록 만드는 것 같다."고 말한다. 수많은 시에 수많은 동화를 대입해도 틀린 말은 아닐 것이다. 어른의 단편적인 선입견 속에 있는 아이의 순진함과 천진함을 우리가 오남용하는 것은 아닌지에 대한 부단한 탐구가 언제나 있어야 하지 않을까.

언해피엔딩? 새로운 스토리텔링의 씨앗

가벼운 판타지의 주조는 오랫동안 문자 그대로 가벼움이었다. 갈등은 최소화되고, 환상은 즉각 실현되고, 유머와 아이러니로 유쾌함이 부각되고, 가족이나 친구는 화해하고, 주인공은 평정심을 되찾으며

♠ 『어린이문학의 즐거움 2』(페리 노들먼 지음, 김서정 옮김, 시공주니어, 2001), 410~411쪽.

『컵고양이 후루룩』(보린 지음, 낮은산, 2014)

성장하고, 결과는 해피엔딩이었다. 그러나 모든 장르의 속성상 이런 주조나 공식에는 균열이 생기기 마련이다. 그리고 새로운 스토리텔링의 씨앗은 그 균열에서 자라난다. 『컵고양이 후루룩』(보린, 낮은산, 2014)을 예로 들 수 있을 것이다. 이모와 단둘이 작은 집에 사는 아이는 대부분의 시간을 혼자 지내고 대부분의 끼니는 컵라면으로 때우며 컴퓨터 게임에만 열중한다. 판타지가 개입할 충분한 조건이다. 하지만 아이에게는 그 상황을 개선하겠다는 어떤 의지도 소망도 보이지 않는다. 이모에게 고양이 키우자는 제안을 딱 한 번 했을 뿐이다. 컵 애완동물 자판기를 보고 버튼을 누를 때도 "싸다. 하나 살까?"라는 생각뿐이다. 고양이 컵에 뜨거운 물을 부으면서도 미심쩍기 짝이 없다. 그렇게 건조하고 냉랭한 도입부. 하지만 버리려는 찰나 들리는 울음소리에 후루룩이라는 이름부터 붙여준 뒤 고양이를 들어 올린다. '따듯하고 축축하고 말랑말랑한 살갗이 닿는 순간 손끝이 녹아내리는 것 같'은 감각을 느낀 후 분위기가 바뀌면서 따듯하고 말랑말랑한 기쁨과 행복의 순간이 찾아오지만, 인스턴트 애완동물의 인스턴트 생애는 비극으로 끝나고 기쁨과 행복은 순식간에 스러진다.

익숙지 않은 언해피엔딩에 독자는 당황할 수밖에 없다. 이러려면 판타지는 왜 끌어들인 걸까. 이 이야기에서는 어떤 주제를 뽑아내야 할까. 아마도 생명을 인스턴트로 생산하고 판매하는 펫 산업에 대한 비판을 말할 수도 있을 것이다. 하지만 내게는 이 이야기가 인간의 본질적 외로움을 무섭도록 명확하게 표현한 것으로 보인다. 아이들이 인간과 인생을 이해하고 자신의 결핍과 고통을 이겨나가는 데 필요한 것은 사랑과 희망만이 아니다. 힘겨움과 외로움과 슬픔을 뼛속 깊이 받아들인 뒤라야 소망이나 긍정은 제대로 기능할 수 있다. 너무 늦게 읽은 주의사항 때문에 고양이는 그나마 주어진 24시간도 살지 못한다. 하지만 작가는 아이가 그 실수를 후회하고 반성하게 만들지 않고 다만 '그렁그렁 차오른 눈물 너머로 컵에 적힌 마지막 두 줄만이 끝없이 아른거'리게 한다. 후회와 반성은 책을 읽은 뒤 독자가 각자의 실수에 각자 적용할 일이다. '소비자 가격: 300일치 외로움'은 반드시 지불되어야 한다. 그래야 컵고양이가 왔다 간 의미가 완성된다.

즉각적 카타르시스 대신 두고두고 반추할 상처를 뼈아프게 안기는 힘까지도 가벼운 판타지는 발휘할 수 있다. 외롭고 슬픈 언해피엔딩을 두려워하지 말자. 새로운 판타지는 거기까지 나아가야 한다.

판타지는 무슨 말을 하는가

가장 어려운 과제와 맞닥뜨릴 시간이다. 판타지는 무슨 말을 하는가, 말하자면 주제는 무엇인가. 한마디로 규정하기도, 카테고리를 만들어 분류하기도 조심스럽다. 앞선 논의에서 희미하게 언급하기도 했으니 중언부언이 될 수도 있다. 하지만 전체적인 지형도를 살펴보기로 했으니 논의에 올랐던 작품들을 중심으로 이야기의 기본자세 혹은 지향점을 대략 정리해서 나누어보기로 한다.

 2000년대 가벼운 판타지나 미래를 배경으로 한 동화들은 아이들 혹은 인류의 복지에 관심이 있는 것으로 보인다. 『어두운 계단에서 도깨비가』는 본성을 억누르는 혹은 절제해야 하는 삶의 조건에 있는 아이들을 환상 속에서 마음껏 풀어주고 성정을 다듬도록 도와주는 이야기이다. 『네버랜드 미아』(김기정, 시공주니어 2015. 첫 출간 푸른숲, 2004)는 부모에게 버려진 아이, 사고나 병으로 죽은 아이 등 "살아서 제대로 놀아 보지 못한 아이들"의 영혼이 마음껏 놀다가 나비가 되어 다시 태어나기를 기다릴 수 있게 해준다. 『씨앗을 지키는 사람들』이나 『지엠오 아이』는 동식물뿐 아니라 인간의 유전자까지 조작해 효율적인 생명체를 만들어내는 과학기술에 대항해 자연스러움, 인간다움을 지키고자 하는 노력을 보인다. '효율적'이라는 것이 사실은 일부 거대 세력의 이익과 입맛에 맞춰 자연 질서를 거스르고 대부분의 사람들을 무감각, 무비판 상태에 붙박아 놓으려는 의도이니 그에 굴종하지 말아야 한다는 메시지가 읽힌다.

고양이 학교 시리즈나 『플로라의 비밀』 같은 신화적 세계관에 입각한 하이 판타지는 우주의 기본적인 질서, 그 안에서의 인간 혹은 여타 캐릭터들의 영웅적인 투쟁에 대해 말한다. 이 세상은 기본적으로 선과 악, 질서와 혼돈, 믿음과 배신, 희망과 절망, 사랑과 증오, 이해와 오해 사이의 갈등으로 이루어져 있고, 우리는 그 사이에서 헤매거나 맴돌거나 곤두박질치며 싸운다는 것을 보여준다. 『아로와 완전한 세계』에서는 완전한 세계를 향한 자의 반 타의 반의 열망과 책임감으로 난관을 헤치고 과제를 수행해가며 한걸음씩 앞으로 나아가는 어린 영웅도 제시한다. 같은 작가의 후속작 『지팡이 경주』(김혜진, 바람의아이들, 2007)는 아로의 오빠인 주인공이 완전한 세계에서 진행되는 퀘스트에 참여하는 이야기인데, 그 역시 비밀과 위험에 싸인 '근원'이라는 곳으로 가서 모든 문제 해결의 실마리를 제공하는 작은 영웅이다. 완전한 세계, 근원이라는 말이 제시하듯 작가가 이 판타지를 통해 추구하는 것은 세계의 본질, 미완성이고 불완전한 것들의 완성, 그 과정에서 모든 반목하고 경쟁하는 것들의 성장과 화합이다.

폭력에 저항하는 환상여행

폭력으로부터의 도피 혹은 저항이라는 가슴 아픈 테마도 따로 언급할 만하다. 『영모가 사라졌다』는 판타지 세계의 시공간 배경과 그 세계로의 통로 등 판타지 모티프들이 선명하게 새겨지는 작품인데, 가장 선명하게 눈을 붙드는 요소는 영모가 사라지는 이유다. 자수성가한 아버지가 아들인 영모에게 모든 면에서 최고가 되라며 무자비한 폭력을 휘두르기 때문이다. 아이들에게는 어른의 욕망을 투영하는 대상으로서 혹은 날 선 감정의 배출구로서 훈육과 교육이라는 명목 아래 착취당하고 학대받는 상황에 이의를 제기할 권리가 있으니, 그런 아이들의 말과 행동이 판타지 안에서는 더 자유롭고 강력하게 펼쳐져도 좋을 것이다. 현실과 다른 시간대에 살면서 어른이 된 뒤

『영모가 사라졌다』 (공지희 지음, 비룡소, 2003)

에도 아버지가 아들을 버렸기 때문에 아들도 아버지를 버렸노라고, 이제는 아들도 아니고 아버지도 아니라고 소리치는 영모처럼. 그러나 다시 아이가 된 영모는 아들을 찾아 판타지 나라 안까지 들어와 용서를 비는 아버지를 받아들이고, 옆에서 그 광경을 보던 화자는 어렸을 때 이혼해서 자신을 떠난 아버지를 이해해보려고 한다. 용서와 화해는 통렬한 비판과 사죄 이후에 가능한 것이다.

『하니와 코코』에서는 채찍을 휘두르는 아버지, 주먹질해대는 형들, 아내의 고양이를 패대기쳐 죽이는 남편을 피해 나온 아이들과 여자의 기묘한 환상여행이 그 자유로움과 강력함에 더해 아름다움까지 펼쳐낸다. 학교폭력의 피해자인 아이가 받는 기이한 뇌수술 장면이 전율을 일으키는『광인 수술 보고서』(송미경, 시공사, 2014)는 누군가에게는 가벼운 장난으로, 누군가에게는 으레 겪는 성장통으로 여겨지는 일이 한 인간을 얼마나 갈가리 헤집어놓을 수 있는지를 통렬하고 시니컬한 방식으로 풀어 놓는다. 그리고 마무리에서는 "수술을 받아야 할 사람은 개 짖는 소리를 내다가 심지어 쥐를 물어오기까지 한 내 자신이 아니라, 그런 나를 보며 즐거워한 우리 반 아이들이 아닌가"라는 날카로운 질문을 던진다. 이 질문이 비수처럼 가슴에 박힐 수 있는 이유는, 그 당위성이 아니라 거기에 이르기까지의 눈부시게 현란한 서술 기법이다. 두 서술자가 완전히 다른 방식의 진술을 쌓아가는 가운데 정교하게 구축되는 이미지와 서사와 심리의 층위가 그 힘을 만들어낸다.

지상에 발 딛고 인간성 탐구하기

로봇이나 인공지능, 우주여행이 일상인 미래사회가 배경인 이야기들이 추구하는 바는 그토록 환상적으로 발달한 과학기술 안에서, '그렇다면 인간은 어떤 존재이며 어떻게 살아야 하는가'에 수렴되는 것으로 보인다. 과학기술은 인간의 평등한 복지를 위해 기여하는 것이 아니라 오히려 첨예하게 계급을 나누고 불평등을 심화시킨다. 그 불평등에 불평하지 않도록 조작된 이미지와 철저한 압제 속에 살던 주민들이 자신들의 권리와 존엄성을 자각하고 지키기 위해 택하는 길은 자연과의 연합이다. 『싱커』의 인공 지하도시에서 살던 인물들은 동물들의 도움으로 위기에서 벗어난 뒤 죽음의 땅으로 알려져 왔던 지상으로 올라가 눈부신 태양과 파란 하늘을 마주한다. 『몬스터 바이러스 도시』의 재개발지역 주민들은 하늘을 뚫을 듯한 초고층 빌딩으로의 입주권을 거부하고 역시 지상에 숲과 밭과 놀이터가 있는 새로운 마을을 계획한다. '몸과 마음을 짓눌러온 무언가'를 떨쳐내고 '애벌레가 고치를 뚫고 나와 나비가 될 때' 느꼈을 법한 아픔과 해방감 속에서 새로운 도전과 모험을 향해 나가는 용기, '따뜻한 햇살이 내려앉는 곳, 해가 질 때 노을을 볼 수 있는 곳, 달빛이 가장 오래 머무는 곳'에 생명이 깃들게 만드는 희망. 억눌려왔던 사람들에게서 이런 용기와 희망을 끌어내는 것이 이 이야기들의 지향점이다.

 SF적 요소들이 가장 탄탄하게 갖춰진 작품 중 하나인 『무한 육각형의 표범』(박용기, 바람의아이들, 2018)의 질문은 인간이란 무엇인가다. 『64의 비밀』에서도 촘촘한 과학지식 안에 깊은 철학적 고찰을

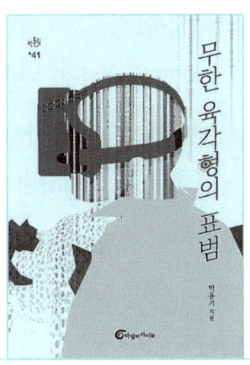

『무한 육각형의 표범』(박용기 지음, 바람의아이들, 2018)

짜 넣어 인간의 본질을 탐문하던 작가는 여기에서도 인간의 구성 요소는 무엇이며 무엇을 갖추어야 인간으로 볼 것인가를 묻는다. 인공지능에게 인간이 지배당하는 세상에서 그에 대항해 싸우는 조직이 있다. 그들은 "인간이 하는 일의 일부를 인공지능이 하는 것은 인정하되, 정말 인간만이 할 수 있는 것과 또 앞으로도 그래야만 하는 것은 결코 인공지능에게 넘겨줄 수 없다"는 신념 아래 뭉쳐 있다. 그런 아버지에게 그것이 바로 음악이나 미술 따위의 예술이냐고 시니컬하게 대꾸하던 아들은 그 '예술'을 하는 작가가 되기로 결심한다. 그 결심에 이르기까지 교통사고로 사망한 뒤 뇌의 10%만 남아 있는 상태에서 인공지능과 연결돼 자신이 살아 있는 사람이라고 여기던 에밀과의 상호작용, 인간을 넘어선 디지털 브레인스키너의 세계지배 욕망, 유전자가 조작된 인공 생식세포로 태어나 우수한 인재로 키워지다가 인공지능의 음모로 치명적인 병에 걸려 있다는 사실을 알게 된 친구의 분노 등이 이야기의 씨줄과 날줄을 이룬다. 스키너 파괴에 결정적 기여를 한 에밀이 자신이 인간인지 아닌지, 무엇을 갖춰야 인간인지를 두고 아버지와 언쟁하는 장면에서 작가는 '코나투스'라는 답을 내놓는다. '그것이 존재하지 않으면 인간이 될 수 없는 것', '인류 역사를 통틀어 수많은 철학자와 과학자들이 그것을 물질화하려고 시도했'던 코나투스가 생명의 근원이라는 것이다. 그것은 '삶에의 욕구, 힘에의 의지, 무의식의 충동 따위로 어설프게 말할 수 있지만 완벽한 표현은 아니'라고 한발 물러선 작가는 완벽한 표현을 얻기 위해 계속 이 주제에 도전할 것 같다.

고대 철학에서부터 미래 과학까지 아우르며 인간이란 무엇인가를 탐구하는 위 작품과 비슷한 질문을 던지지만 분위기는 완전히 다른 이야기로 『지구 행성 보고서』(유승희, 뜨인돌어린이, 2017)가 있다. 지구에서 24억 광년 떨어진 별에서 항해하다 초신성 폭발로 우주선을 잃은 외계인들의 탈출정이 어느 재활용센터 마당에 불시착한다. 그들에게 제공되는 정보로 보자면 지구인은 '역사의 대부분이 거의 전쟁인 야만족이면서 문학이나 철학을 보면 고결하기도 한, 종잡을 수 없는 종족'이다. 컴퓨터는 다른 생명체들과 구분되는 인간의 본성은 없다고 분석한다.

그렇게 지구인을 미개인, 원시인으로 얕잡아보는 초록색 개 모양의 외계인들과 재활용센터 박 사장과의 티격태격 일상이 코미디 프로처럼 펼쳐지는데, 말초적이기만 한 재미가 아니라 따뜻하게 정곡을 찌르는 위트가 가득하다. 개장수에게 잡혀간 함장은 함께 갇힌 다른 개들을 격려해서 같이 탈출하고 그 과정에 박 사장이 나타나 개장수가 휘두르는 파이프를 온몸으로 막아내는가 하면, 우주항공센터에 감금된 외계인들을 구하기 위해 개들이 사람으로 변신하는 등 에피소드들도 사방팔방으로 터진다. 그러는 중간중간 '당신 같은 인간은 어쩌면 이렇게 불완전하고 황량한 지구 같은 곳에서만 피어날 수 있는 아름다움인지도 모르지' 같은 함장의 쑥스러워하는 독백, 인간으로 변한 개의 "저 밤하늘의 별들에서 핵융합이 진행되고 초신성이 폭발하고 그 원소들이 우리 몸을 이루는 장면이 보이지 않냐?"라는 농담 같은 감탄이 작품의 주제를 슬그머니 내비친다. 모든 생명체의 연결고리를 확인시켜주면서 자기 자신이 가장 존엄한 존재라는 사실을 기억하라는 것이 작가의 전언인 듯하다.

테마는 인물이 말한다

그러고 보니 대부분의 테마는 인물에게서 나온다. 인간이란 무엇인가를 묻는 인물, 세상은 어떤 곳이며 어떠해야 하는가를 고민하는 인물. 그리고 그 인물들 사이에서 오가는 어떤 기류와 갈등과 변화들이 가장 또박또박 적혀 있는 것처럼 보인다. 『미지의 파랑』은 앞서 소개했다시피 시간 여행, 바다 밑 동굴, 베 짜는 인어, 그들이 만든 소원을 이루는 구슬 등 판타지 요소가 가득하지만 결국은 부제가 말하는 대로 소울메이트를 찾아서 나아가는 이야기다. 전생에 인어였을 거라는 감탄을 들을 정도로 잠수에 능숙한 미지가 조선시대로 건너가 인어인 해미를 만난다. 서로 날을 세우고 충돌하던 둘은 한쪽 부모를 잃었다는 공통점, 속을 털어놓을 친구가 필요하다는 간절함으로 조금씩 가까워지고 많은 위기를 넘기면서 두 세계를 함께 오간다. 서로 다름을 넘어서 깊어질 수 있는 우정은 시대를 넘고, 차원을 넘고, 종족을 가리지 않는 판타지 안에서 더 강도 높게 묘사될 수 있다. 그런 우정은 『토마큘라』의 어린 고아와 늙은 흡혈귀 사이에서도 역시 시간을 뛰어넘고 목숨까지 버리는 지경으로 간다. 『임욱이 선생 승천 대작전』에서도 이무기와 아이 사이에 우정이 성립된다.

　이 인물들이 결국 강조하는 것은 우정, 그러니까 사랑이다. 『분홍 문의 기적』은 저세상에서 잠시 돌아온 엄마의 유령을 통해 죽음 이후에도 이어지는 가족 간의 사랑을 말하고, 『거꾸로 가는 고양이 시계』는 자연법칙을 거슬러서라도 확인하고 회복해야 할 것은 가족 사랑임을 네 개의 에피소드 안에서 반복한다. 사후 세상에서 현실로 나온 유령과 현실에서 자진해 사후 세계로 들어간 아이들이 『유령 놀이』에서 가장 간절히 원했던 것도 아들을 먼저 보낸 엄마 위로하기, 유령 놀이로 서로 상처 주고 상처 입혔던 친구의 속마음 들여다보고 우정 회복하기이다.

　서로 이해하고 용서하고 위로하자, 서로를 위해서 더 나은 세상을 만들자, 그러기 위해서 싸우고 희생하기를 두려워하지 말자, 이렇게 말하는 판타지들이 더 많이 나왔으면 좋겠다.

⸸ 또 다른 나를 찾아서

'나'는 나에게 평생의 숙제다. 나는 누구인가, 나는 저 사람에게 어떤 존재인가, 나는 무엇을 해야 하는가, 어떻게 살아야 하는가, 나에게는 어떤 역할이 주어진 걸까, 그걸 감당할 수 있을까, 나는 왜 이 모양일까…… 나를 상대로 하는 탐구는 끝이지 않는다. 우리가 책을 읽는 이유도 결국은 이 모든 나에 관한 질문에 답을 얻기 위해서일 것이다. 종종 변덕스럽고, 모순되고, 무기력하고, 비겁하고, 예측도 통제도 어렵고, 믿을 수 없고…… 마음에 들지 않는 부정적인 나를 이해하고 받아들이고 개선해야 하는 과제 앞에서 판타지는 여러 길을 제시한다. 그중 하나가 또 다른 나 만들기. 자기를 복제하고, 분리하고, 해체하는가 하면 다른 존재와 합체하는 등 다양한 방식으로 다른 나를 만들어 세움으로써 자신을 객관적으로 다층적으로 이해할 수 있도록 해주는 이야기들을 찾아보자.

진짜 나 가려내기

 가장 기본적으로, 우리 민담 속 깎아 버린 손발톱 조각을 먹고 사람이 되는 쥐 모티프가 있다. 『수일이와 수일이』(김우경, 우리교육, 2001)는 그 옛이야기 모티프를 장편동화에 녹여 이 시대를 사는 한 아이의 드라마틱한 자기 찾기 과정을 그린다. 몰아치는 학원 스케줄에 질린 수일이가 키우는 개의 조언으로 분신을 만들어내서 공부는 쥐 수일이에게 맡기고 놀러만 다닌다는 설정. 개와 고양이를 무서워하면서 고분고분 시키는 대로 하던 가짜 수일이는 점차 태도가 달라지더니 자신이 진짜라며 수일이를 밀어내고, 급기야는 자기 손톱을 수일이와 개에게 먹여 둘을 쥐로 만들어버리기까지 한다. 이 책이 처음 나왔던 2000년 초에는 자기 문제는 스스로 해결해야 한다는 깨달음과 결심 아래 분연히 선 수일이가 주목의 대상이었지만, 20년이 지난 후에는 독자로서의 관점이 달라진다. 〈블레이드 러너〉가 대표적으로 제기했던 인조인간의 자아 찾기 싸움이 눈에 들어오는 것이

『수일이와 수일이』(김우경 지음, 우리교육, 2001)

다. 진짜 수일이보다 육체적 지적 능력이 월등하고, 지구 파괴로 치닫는 인간의 탐욕을 비판하는 등 정신까지 높은 이 복제인간은 자신을 사람이라 여기기에 사람의 미래를 걱정한다. 쥐 수일이 말마따나 엄마는 어느 쪽을 자기 아들로 선택할까? 원인간과 복제인간의 관계는 진짜와 가짜의 구분에 초점이 맞추어지고, 결말은 쥐는 쥐로, 인간은 인간으로 돌아가는 길로 향한다.

두 다른 자아의 합일이나 조화가 아니라 양자택일을 요구하는 이 주제는 「제후의 선택」(『제후의 선택』, 김태호, 문학동네, 2016)이라는 단편에서 우울하게 변주된다. 도입부부터 고양이를 피해 도망치는 제후는 복제인간이다. 복제인간 시점에서 전개되는 이야기는 "제후로 사는 거 그만한다고." 하는 제후의 절규, "너 다시 철창 안으로 들어갈래?" 하는 또 다른 제후의 협박으로 이어지는데, 결국은 둘 다 복제인간이었음이 드러난다. 그렇다면 원래 제후는? 찬바람 부는 공원 벤치에 앉아 있다가 바람에 쓸리는 낙엽처럼 이리저리 뛰어 어둠 속으로 사라져 간다.

부모가 이혼하며 엄마 아빠 둘 중 하나를 선택해야 하는 아이가 찾아낸 방법이 쥐로 복제 제후 만들기였지만, 이 방법은 아무에게도 해결책이 되지 않는다. 부모는 둘 다 제후를 원치 않고, 제후들은 서로 내가 가짜라고 주장하며 부모를 밀어낸다. 해체되는 가정과 직무유기 부모라는 현실을, 해체되는 아이가 결국 자신을 유기한다는 암울한 이야기로 꼬집어 보여주는 것이다. 고양이의 공격을 받자 쥐가 빠져나가고 허물처럼 입고 있던 옷만 스르르 가라앉는 장면, 어둠 속 벤치에 앉은 진짜 제후가 빨갛게 부풀어 오른손 끝을 등 뒤로 감추는 장면 등이 새겨져 오래 남는다. 자기복제, 자기 분신은 그렇게 현실의 터널을 빠져나가려는 아이의 고육지책으로 쓰이지만 터널 끝의 빛이 되어주지는 못한다. 아이들을 기다리는 것은 어두운 현실의 재확인, 자기 책무의 다짐이다.

나를 만나 달라진 나

자신을 복제하지만 현재 상태 그대로가 아니라 다른 상태, 다른 배경으로의 전환을 꾀하는 이야기들은 조금 다른 양상을 보여준다. 아버지의 폭력을 못 이겨 판타지 세계로 도망간 영모 안에서는(『영모가 사라졌다』) 몇 겹의 다른 공간, 다른 시간 속 몇 겹의 다른 자아가 겹친다. 하루 만에 봄, 여름, 가을, 겨울로 계속 바뀌는 숲에서 늙은 시절부터 어린 시절까지를 거꾸로 살아가는 영모. 자신을 전혀 기억하지 못하는 늙은 자신과 어린 시절의 억눌렸던 분노를 터뜨리는 어른 자신을 거쳐 다시 어린 자신을 되찾은 뒤 아버지를 이해할 수는 있을 것 같다면서 현실로 돌아오는 영모는 자아 정립 판타지의 전형 캐릭터라고 볼 수도 있을 듯하다. 폭력을 휘두르는 아버지보다 복수하고 싶어 하는 자기 자신이 더 무서워 도망친 영모에서부터 아버지를 이해할 수 있을 것 같다며 돌아오는 영모 사이 현실의 시공간 거리는 미소하지만 판타지 시공간은 장대하고 깊다. 그 안에서 순식간에 일생을 살아낸 뒤 아이는 삶을 지속해나갈 힘과 동기를 부여받는다.

　『거꾸로 가는 고양이 시계』의 네 아이들은 현실에 대한 불만, 의

문, 죄책감, 후회를 그대로 안은 채 과거로 보내진다. 현재와 과거의 틈새에서 그들은 각각 어떤 실마리를 찾는다. 과거와의 연결고리를 찾아내 현재를 이해하거나, 과거를 되돌려서 현재를 개선하는 일이 아이들의 목표로 세워진다. 어떤 목표는 달성되고, 어떤 의도는 수포로 돌아가고, 어떤 시도는 현실로 돌아오기 직전에 착수된다. 성공했을까? 돌아온 아이는 손에 땀을 쥐며 결과를 살피러 간다. 몇 달 혹은 몇 년 전의 자신, 심지어 엄마 뱃속의 자신까지 만나고 온 아이들은 나와 가족과 친구와 세상을 보는 눈이 달라진다. 엄마가 곁에 있다는 것만으로도 고맙고, 자신의 가치를 발견하게 되고, 죄책감을 떨치며 그 무게를 기꺼이 감당할 수 있을 만큼 성장한다.

특히 마지막 에피소드에서 현재의 나와 과거의 내가 만나 자전거에 함께 탄 뒤 과거의 잘못을 되돌리기 위해 힘껏 페달을 밟는 장면은 감동적이다. 아라도 나처럼 여러 생각과 여러 마음을 가지고 있었던 거라는 생각과 가장 친한 친구에게도 영영 말할 수 없는 비밀이라는 성과를 받아 안은 주인공. 판타지를 통해 얻은 그런 생각과 비밀 두 가지는 아이가 훌쩍 크고 넓어졌다는 증거일 것이다.

끝없이 쏟아지는 나

자기 분신 수십 명이 눈앞으로 쏟아져 나온다면 어떤 기분일까? 그 분신들은 왜 그렇게 많이 생기는 걸까? 그들은 나에게 무엇을 하는 걸까? 이런 질문에 각각 다른 방식으로 대답하는 두 작품을 들여다

본다. 『나는 임금님이야』는 저학년 라이트 판타지답게 사랑스러운 이야기에 밝은 메시지를 담고 있다. 엄마와 둘이 지하 단칸방에 사는 (임)금님이는 절뚝거려 놀림 받고, 준비물 안 챙겨 혼나고, 주인집 개가 무서워 벌벌 떠는 아이다. 그런데 어느 날 다리 사이 호리병 안에서 줄줄이 나오는 작은이들이 모두 금님이 모습이다. 너는 우리 임금님이고 우리는 너의 백성이니 함께 행복한 나라를 만들어야 한다고 주장하는 작은이들 덕분에 금님이가 밝고 긍정적인 아이로 변해간다는 내용이다.

흔한 공상 이야기 같지만 이 작품에서는 아이가 공주나 왕비가 아닌 임금으로 자신을 설정하는 것이 의미 깊다. 임금은 한 나라의 최고 통치자이고 마지막 결정권자이다. 임금이 어떤지에 따라 나라가 달라진다. 나는 여러 생각과 여러 마음으로 이루어진 나라는 한 왕국의 주권자이다. 그것을 다스릴 권리와 잘 다스릴 의무가 있다. 당연하지만 결코 쉽게 체화되지 않는 이 명제가 선명한 이미지로 그려진다. 금님이는 배고픈 백성을 먹이고, 백성들은 임금님이 행복해질 수 있도록 궁전과 하인을 마련해주고 함께 놀아주는 장면들이 어린 시절 환한 소꿉놀이처럼 펼쳐진다.

수많은 분신들이 이런 따뜻하고 선명한 해피엔딩과는 전혀 다른 분위기를 만들어내기도 한다. 「유나의 유나」(『B의 세상』, 최상희, 문학동네, 2019)가 그렇다. 동화와 청소년소설의 차이에서 나온 다름일 수도 있을 것이다. 유나의 친구가 화자가 되어 자기복제를 거듭하는 유나에 대해 살짝 무심하고 살짝 시니컬하게 보고하는 이 단편은 얼핏, 무슨 말을 하려는 건지 독자를 어리둥절하게 만든다. 학교 오는

『B의 세상』(최상희 지음, 문학동네, 2019)

길에 이렇게 피곤한 날은 정말 집에서 쉬고 싶다고 생각한 순간 '자신의 몸에서 스르르 뭔가 빠져나가는 것 같더니 눈앞에 (……) 자신과 100퍼센트 똑같은' 분신이 생겨났다는 유나. 그 뒤로 순식간에 셋, 넷으로 늘어나는데, 정작 유나는 그들과 함께 태평스레 윷놀이를 하거나, 유나 파이브가 생기면 편을 어떻게 갈라야 할지 따위의 엉뚱한 걱정이나 하고, 친구는 그 걱정을 받아 하나는 심판을 보면 되겠다는 심드렁한 대꾸를 한다. 어떤 성찰이나 반성, 개선이나 성장도 보이지 않는 듯한 이 나른한 이야기는 대체 무슨 의미일까.

우리 의지와는 상관없이 일어나는 수많은 일들이 유나에게 하나 더 늘어난 셈이라는 화자의 진술이 실마리다. 자기결정권이 없으니 자아존중감도 생길 리 없는 이 시대 청소년들에게는 자기분리, 자기해체, 자기복제 같은 사건도 자기와 상관없이 지나가는 일 중 하나일 뿐이라는 자조가 깔려 있는 것이다. 그러나 작가는 유나가 자조에 깔려 있도록 놓아두지 않는다. 그 유나들에 의해 유나의 자존은 지켜진다. "자기가 자기 자신을 모르면 누가 알아?"라고 하는 유나 포, 아니면 유나 파이브의 자기 확신, 유나 투는 유나 투지, 유나 스리랑 포하고는 전혀 다르다며 사라진 유나 투를 찾아 나서는 유나에 의해서. 그리고 '아무리 모자라고 부끄러워서 없애고 싶은 부분이라도 그것은 유나의 부분, 유나의 유나라서 우리는 지금 이렇게 찾는 중'이라는 친구의 진술은 자기조롱을 따뜻한 자기포용으로 바꿔 놓는다.

지금 옆에 있는 친구가 진짜 유나인지 찝찝했지만 아무래도 상관없다고 생각하며 유나의 손을 잡고 걷는 화자는, 일레븐 트웰브까지도 분리될 수 있는 친구를 모두 끌어안고 함께 가겠다는 자세를 가지면 좋지 않겠냐는 조언을 아이들과 어른들에게 퉁겨주는 듯하다. 이 화자가 그런 조언을 할 수 있는 것은, "요즘은 나도 가끔 분리되는 것 같다"는 느낌이 있기 때문이다. 그러니 우리도 가끔 세븐 에잇까지 분리되는 느낌을 갖는 일을 두려워할 필요는 없을 것이다.

처음이 처음에게

간략한 언급으로 이 글을 마무리할 작품은 『알렙이 알렙에게』이다. 핵전쟁으로 폐허가 된 지구를 떠나 테라 행성으로 이주한 인간들은 두 패로 나뉘어 서로에 대해 전혀 모르는 채 살아간다. 테라 인으로 적응하여 자유롭게 살아가는 빛의 사람들에 비해 인공지능의 철저한 통제를 받는 마마돔 사람들. 아기는 사랑으로 태어나는 게 아니라 복제 수정란에서 자라나고, 테라의 온순한 거대동물은 도도의 전

『알렙이 알렙에게』(최영희 지음, 해와나무, 2018)

철을 밟아 멸종위기에 몰리고, 인공지능 마마는 테라의 지구화를 꿈꾼다. 되풀이되는 폭력과 분열의 역사를 막고 새로운 화합의 삶을 열 인물로 지목된 사냥꾼 알렙.◆ 먼 옛날 이주민 분열 당시 나뉘었던 쌍둥이 자매의 후손으로서 다시 만나야 하는 운명인 빛의 알렙을 찾아 모험에 나선다.

천지창조부터 우주로의 이주까지, 신화에서 SF까지의 인간역사를 함축해 놓은 듯한 이 이야기를 끌어가는 인물(들)의 이름으로 '첫 글자'를 따온 것이 의미심장하다. 죽음과 재생, 멸망과 재건이 끝없이 되풀이되는 역사지만 그 안에는 언제나 처음이 있고, 희망은 그 처음, 그러니까 알렙에게 있다고 작가는 말하는 듯하다. 하지만 알렙 혼자서는 안 된다. 또 다른 알렙, 있는지도 몰랐고 어떤 모습인

◆ 알렙은 히브리어 첫 글자의 이름이다. 마마를 거스르며 알렙에게 새 시대 개척자로서의 임무를 알려주고 그 발판을 마련해준 뒤 징벌로 갇히는 우두머리 사냥꾼의 이름은 타우, 히브리어 마지막 글자인 타브의 변형으로 보인다. 이름들이 제시하듯 이 작품에는 히브리 신화의 그림자가 드리워져 있다.

지도 몰랐지만 엄연히 존재했고, 꼭 만나야 했으며 결국은 만나게 되는 다른 알렙, 그러니까 다른 자아를 찾아서 합쳐져야 한다. 판타지가 아니면 이런 전언을 이렇게 인상적으로 선명하게 던질 수 있는 장르가 있을까. '거침없이 상상하고 도전하는 게 호모 사피엔스'라는 작품 속 선언처럼, 거침없이 상상하고 도전하는 판타지 작가들이 기다려진다.

한국 판타지 아동문학을 소개하며

정신없이 바쁜 한 가족이 있다. 아빠는 회사에서, 엄마는 집에서, 딸과 아들은 학교와 학원에서. 너무나 바쁜 나머지, 그들은 서로를 바라볼 시간은커녕 자기 자신을 확인해볼 시간도 없다. 그러던 어느 날, 아들은 뭔가 이상한 변화를 느낀다. 아뿔싸, 자신의 그림자가 달라진 것이다! 짧은 머리에 바지를 입은 그의 그림자 대신 뽀글뽀글 긴 파마머리에 치마를 입은 엄마 그림자가 자기 발밑에 달려 있는 게 아닌가! 아들 그림자는 아빠에게, 아빠 그림자는 딸에게, 딸 그림자는 엄마에게. 그렇게 그림자들은 뒤죽박죽되어 있다. 그림자들은 자기들 말을 듣지 않으면 완전히 도망을 가버려 그림자 없는 인간으로 만들어 버리겠다고 협박하면서 주인들을 조종한다. 그 결과는?

◆ 한국문학번역원의 영문 잡지 〈List〉에 실었던 아동문학 특집 글과 다른 글을 함께 정리했다.

『바빠가족』(강정연 지음, 바람의아이들, 2006)

　이 유머러스하고 발랄한 판타지『바빠가족』(강정연, 바람의아이들, 2006)은 한국 아동문학에서 새롭게 개척된 판타지 영역의 성격을 상징적으로 보여준다. 그동안 한국 아동문학에서 판타지는 그림자 같은 분야였다. 한국 최초의 창작 동화♠가 판타지였음에도 불구하고, 80여 년간 판타지는 버려진 장르였다. 일제 강점기 상황, 해방 이후 좌익과 우익의 이념투쟁, 한국전쟁, 전쟁 후의 가난, 군사 쿠데타 이후의 독재정권, 민주화운동, 급속한 경제 발전, 이런 사회적 요인들은 아이들에게 판타지를 권장하지 않았다. 판타지는 차치하고라도, 문학도 거의 권장하지 않았다. 아이들은 열심히 공부해서 판사, 의사, 경영자, 교사, 장교, 고급공무원이 되어야 했다. 그들의 꿈은 물질적이고, 현실적이고, 애국적이고, 윤리적인 것이어야 했다. 그리하여 아동문학도 사실적이고, 도덕적이고, 애국적인 방향으로 달려 나갔다. 자신이 누구인지, 어디로 가고 있는지, 어디로 가고 싶

♠ 마해송이 쓴「바위나리와 아기별」.

은지 질문을 던질 틈이 전혀 없는 '바빠가족'처럼.

그러다 그림자의 반란, 그러니까 판타지의 봉기가 시작되었다. 2000년대 들면서 한국의 동화작가들은 판타지에 부쩍 관심을 보이기 시작했다. 그 원인 중의 하나는, 한국 사회의 전체적인 상황이 비교적 안정되면서 예술로서의 동화에 대한 인식이 일어났다는 것이다. 판타지 없이는 예술도 없다고 프란츠 리스트도 말하지 않았던가. 그리고 다른 하나는 전 세계적인 해리 포터 열풍이었다. 아동문학, 그중에서도 판타지가 세계 공통의 문화 콘텐츠, 그것도 아주 성공적인 콘텐츠가 될 수 있다는 사실을 목격한 동화작가들은 판타지 분야에 도전하기 시작했다. 한편에서는 서구 판타지 문학의 문법을 공부하면서 그 문법에 따라 작품을 쓰는 작가들이 나왔고, 다른 한편에서는 한국과 아시아 지역의 전설, 신화를 공부하면서 한국적인 판타지를 쓰고자 하는 작가들도 있었다. 그중 가장 눈에 띄었던 작품은 강숙인의 『뢰제의 나라』(푸른책들, 2003)로, 동양적인 모티프와 세계관이 뚜렷해서 한국적 판타지의 가능성을 보여주었다.

눈에 보이는 현실만을 따라가던 한국의 동화들은, 뒤를 돌아보고 발아래를 내려다보면서 자신의 그림자를 확인하는, 그래서 자신이 온전한 자기 자신임을 확인하는 '바빠가족'처럼 서서히 판타지를 들여다보게 되었다. 주목할 만한 동화 중 판타지가 차지하는 비율도 높아졌다. 죽음, 폭력, 신비, 모험 등의 묵직한 주제나 소재보다는 일상의 사건들에 초현실적 요소들을 마치 양념처럼 가미해서 현실을 날렵하게 비틀어 보이는 가벼운 판타지가 많아진 것도 특기할 만하다.

이성숙의 『화성에서 온 미루』(문학과지성사, 2006)도 화성인이라는 판타지적 인물 하나만을 가지고도 현실 벗기기라는 지난한 업무를 경쾌하게 수행해낸다. 화성에서 불시착한 존재로 인해 어느 일가족의 탐욕, 이기심, 무기력, 허위의식 등이 드러나는 과정이 유머러스하면서도 허를 찌른다. 박효미가 연달아 내놓은 두 권의 판타지, 『일기도서관』(사계절, 2006)과 『말풍선거울』(사계절, 2006), 그리고 조성자의 『호철이 안경은 이상해!』(시공주니어, 2006)도 위 책들의 연장선상에 있다. 강정연과 이성숙의 책들이 가정을 무대로 어긋난 가족 관계나 뒤틀린 삶을 조명하고 있다면, 박효미와 조성자의 이야기들은 학교를 무대로 해서 억압적인 환경과 그 안에서 위축된 아이들의 심리, 탈출과 해방에 대한 꿈을 경쾌한 판타지로 그리고 있다.

　　서구 판타지 문법을 성공적으로 한국 동화에 접목시킨 대표적인 작가로는 김혜진이 중요하게 언급된다. 그녀는 『아로와 완전한 세계』를 비롯해서 『지팡이 경주』, 『아무도 모르는 색깔』 3부작을 완성한 역량 있는 작가이다. 아로라는 주인공 소녀가 책을 통해서 환상의 세계로 들어간다. 그녀는 12개의 나라를 돌면서 최초의 존재들로부터 그 나라의 역사가 적힌 책을 받아 모아 완전한 세계의 이야기라는 책을 완성해야 하는 임무를 받는다. 이 책을 읽는 독자들은 한편으로는 나니아 연대기, 끝없는 이야기, 해리 포터 시리즈를 떠올릴 수도 있다. 그러나 다른 한편으로는 그 책들 어디에도 없는 독창적이고 신선한 이야기와 무대와 인물들을 만날 수 있다. 무엇보다도 독특한 것은 이 작가가 동양적인 세계관을 서구적인 서사 구조 안에 절묘하게 혼합시켜 놓았다는 점이다. 즉, 이 작품들은 절대적인 선과 절대적인 악의 싸움이라는 서구적 이원론의 세계관 위에 세워진 것이 아니라 모든 사건과 존재들이 하나의 완성을 향해 가는 동양적인 세계 인식 위에 세워져 있는데, 그러면서도 서구의 유명한 판타지들을 떠올릴 수 있는 캐릭터와 모티프, 사건들이 흥미롭고도 자연스럽게 녹아들어 있다는 것이다.

김려령의 『기억을 가져온 아이』는 한국 특유의 샤머니즘을 도입한 판타지의 대표적인 사례라고 할 수 있다. 소년은 할아버지가 살던 산속 집에서 옆집 무당의 딸을 만나게 되고, 그녀와 함께 할아버지의 작업실 벽을 통해 다른 세계로 들어간다. 그곳은 기억을 잃어버린 사람들, 그러니까 이 세계의 사람들로부터 잊히거나 이 세계의 사람들을 잊어버린 사람들이 살고 있는 장소이며, 사람들뿐 아니라 '기억'들까지도 살고 있는 장소이다. 이 세계의 사람들이 잃어버린 기억들은 그곳에서 모여 살면서, 혹은 되살아나거나 혹은 완전히 소멸되거나 한다. 샤머니즘은 자연 현상이나 동물뿐 아니라 바위와 나무 같은 세상 모든 사물들에도 영혼을 부여하는 종교인데, 이 작가는 거기에서 한 발 더 나아가 사람들이 잃어버린 기억에까지도 생명을 불어넣는다. 그렇게 의인화된 기억들을 묘사하는 장면은 한국 아동문학 판타지에서 가장 독창적이고 역동적인 장면으로 손꼽을 만하다. 그곳에서 할아버지를 만난 소년은 비로소 죄책감과 불안을 내려놓게 되고, 훨씬 자신감 넘치는 모습으로 이 세계로 되돌아온다.

판타지의 가장 기본적인 요소 중 하나는, 그것이 현실과 완전히 무관한 것이 아니라 현실을 가장 정교하고 치밀하게, 독창적인 방식으로 재구성한다는 점일 것이다. 그렇게 재구성된 현실을 보면서 독자들은 현실을 더욱 새롭게, 더욱 아름답게, 더욱 소중하게 볼 수 있는 눈을 작가에게서 빌려온다. 이런 이치를 아주 뚜렷하게 보여주는 판타지를 우리는 백희나의 『달 샤베트』(책읽는곰, 2010)라는 그림책에서 확인할 수 있다. 이 뛰어난 책은 아주 더운 어느 여름밤을 배경으로 하고 있다. 안의 열기를 밖으로 밀어내는 선풍기와 에어컨과 냉장고 때문에 바깥의 공기는 더욱 더워지고, 이를 견디다 못한 달이 녹아내린다. 그 녹아내리는 달을 받아든 늑대 할머니는 그것으로 시원하고 달콤한 샤베트를 만든다. 샤베트를 나누어 먹은 동네 주민들은 선풍기와 에어컨 없이도 곤한 잠에 빠져들 수 있다. 해피엔딩이지만, 이야기는 거기서 끝이 아니다. 달이 녹아 없어지는 바람에 살 곳이 없어진 토끼들. (한국의 전설에서는 토끼들이 달에서 떡방아를 찧으며 사는 것으로 되어 있다.) 토끼들의 하소연에 늑대 할머니는 다시 해결책을 내놓는다. 남은 샤베트로 꽃을 피워내 그것으로 다시 달을 만드는 것이다. 이제는 지구 주민들뿐 아니라 달에 사는 토끼들까지 행복해진다!

한국의 부모나 교사들은 동화에서 정치적으로 올바른 주제나 윤리적인 가르침을 찾아내는 것을 좋아한다. 아마도 그들은 이 그림책에서 환경 보호라는 주제를 끌어낼지도 모른다. 그것도 좋지만, 우리는 그 이상 나아가야 한다. 그것이 판타지의 본질이니까. 이 작가는 동물 주민들이 사는 아파트 한 동의 내부를 미니어처로 제작했다. 종이와 헝겊과 나무 등 온갖 재료들을 일일이 조각하고, 꿰매고, 이어붙이고, 그래서 실제 삶의 환경과 조금도 다를 바 없는 무대를 만들어낸 것이다. 작가의 놀라운 장인 정신은 그리하여 지극히 현실적이면서 동시에 지극히 환상적인 작은 세상을 창조했다. 이 그림책을 통해 우리는 우리가 사는 평범한 세상이 이렇게 아기자기하고 사랑스러운 곳으로 보일 수 있다는 사실에 눈을 뜨게 된다. 이 작가는 '판타지를 통해 현실은 예술이 된다'는 것을 증명해 보인다. 한국의 판타지는 이런 작가들을 가지고 있다.

❖ 무엇이 판타지인가

『플로라의 비밀』
(오진원 지음, 문학과지성사, 2007)

"우리가 사랑한다 말할 때 저 광활한 우주에는 새로운 행성이 탄생한단다."

신예 동화작가가 스물넷에 썼다고 고백한 판타지 『플로라의 비밀』은 이렇게 시작한다. 그 젊디젊은 나이에 사랑과 우주와 행성 사이에 어떤 연결 고리를 설정하려 했다는 것이 놀랍다. 아니다, 그런 시도는 젊기 때문에 가능했던 게 아닐까? 눈에 보이는 모든 것이 신기하고 궁금해서, 캐묻고 의미를 부여하고 이야기를 만들어내던 어린 시절의 그 싱싱한 마음의 힘이 아직 살아 있기 때문이 아닐까? 우리는 이 땅에 굳게 발붙이고 살아가야 하는 만큼, 고개 들어 우주를 눈에 담는 일도 해야 하는 것이 아닐까? 이 작가는 삶의 자양분이 땅에서뿐만 아니라 하늘에서도 온다는 사실을 깨닫고 그것을 독자들에게 깨우쳐주고 있는 듯하다.

우리가 사랑한다 말할 때마다 탄생하는 행성 플로라들은 서로 고리를 걸어 떨어지지 않으면서도 적당히 균형 잡힌 거리를 유지한다. 그 플로라들의 한가운데에 일곱 종족이 살고 있는 파피시라는 땅이 있다. 열정이 많은 붉은빛 종족, 따뜻한 성품을 가진 노란빛 종족, 냉철한 판단력을 갖춘 초록빛 종족, 중립적으로 지혜를 발휘하는 파란빛 종족, 매사에 긍정적인 보랏빛 종족, 부정적인 일을 미리 계산해서 대비하는 검은빛 종족, 다른 종족에게 공평하게 지혜와 힘을 나누어주는 흰빛 종족.

이 종족들 사이의 평화가 흰빛 종족인 안싼 종족에 의해 깨진다. 그들이 다른 종족에게 힘을 나누어주는 대신 모두 빼앗아 독재자가 되고 싶어 했기 때문이다. 처참하게 초토화되는 파피시를 구할 수 있는 것은 세 아이들. 천덕꾸러기 고아 심부름꾼 마로, 건망증 대장 코코, 불행한 운명을 타고난 예언자 로링이다. 세 아이가 여섯 종족들의 땅을 차례로 밟아가며 위기를 맞고, 이런저런 도움을 받아 빠져나오고, 마침내 안싼 종족을 해체시키는 데 성공하는 과정이 현란하고 환상적인 장면들과 함께 펼쳐진다.

대부분의 판타지가 그렇듯, 이 이야기의 모티프들은 현실과의 상관관계가 확실하게 보인다. 판타지가 말하는 비현실적인 일들이 사실은 현실의 본질에 대한 깊은 통찰에서 나온 상징이나 은유이며, 그 상징과 은유가 선명하면서도 개성적이어야 한다는 점은 판타지 연구서에서 가장 기본적으로 강조되는 사항이다. 그런 점에서 『플로라의 비밀』은 기본이 든든하다. 일곱 종족들의 성정이라든가 아이들의 개성, 다양한 위기들과 그 극복의 방법이 무엇의 은유인지 짐작하기 어렵지 않으면서도, 관습과 상투성의 함정에서는 벗어나고 있는 것이다. 악은 검은빛으로, 선은 흰빛으로 묘사하는 전통적인 선악의 상징 구도를 과감히 깨뜨리면서 흰빛 종족을 탐욕으로 가득 찬 악의 세력으로 설정한 대목을 대표적인 예로 들 만하다. 선함과 악함 사이에는 절대적이고 영원한 경계가 없다는 것, 그 둘은 사실은 야누스처럼 하나의 뿌리를 공유한다는 사실이 간결하면서도 명징한 이미지로 독자들의 머리를 두드린다.

    구박덩어리 고아에서 파피시의 운명을 제 어깨에 짊어진 채 비극적이고 장엄한 싸움을 싸워야 하는 영웅으로 거듭나는 주인공 마로도 전형적인 판타지 주인공으로서의 성장기를 보여준다. 『끝없는 이야기』의 바스티안, 『미오, 나의 미오』의 미오, 『시간의 주름』의 매기 같은 인물들을 연상시킨다. 그러나 마로는 그들과 비슷한 행로를 가면서도 전혀 다른 결말을 맞는다는 점에서 독창적이고 개성적이다. 자신이 바로 그 흰빛 종족인 안싼 종족 출신이라는 비밀을 알고 괴로워하던 마로는 육체를 잃은 그들에게 자신의 육체를 내주고 대신 대예언자의 생명을 구하며, 더 나아가 자기 육체를 죽임으로써 제 안으로 들어온 안싼 종족을 소멸시키는 것이다. 이 장면은 『어스시의 마법사』에서 주인공 게드가 공포에 질려 피해 다니던 그림자와 마침내 대면하여 그것과 합체되는 장면과 비슷하지만, 역시 다르다. 육체가 해체되는 것을 느끼면서 마로가 숨을 놓는 순간 파피시의 불빛이 되살아나는 것을 보는 대목은 악에 대한 선의 승리, 죽음에 대한 부활의 승리를 알리는 뚜렷한 승전보이다. 우주 탄생의 신화에서 시작해서 승리와 부활의 메시지를 전하며 끝나는 이 작품은 명백히 기독교적인데, 서구 판타지가 기독교적 토양에 깊이 뿌리내리고 자랐다는 맥락에서 보면 이 작품은 판타지의 고전적인 기본 구조 중 하나를 온전히 붙들고 그 위에 자기 세계를 세워나갔다고 할 수 있다.

하지만 이 세계는 아직은 약간 불완전한 부분도 있어 보인다. 작가의 충일한 주제 의식은 소화가 덜 된 잠언성 진술에 실려 너무 표면으로 나오는 경우가 종종 있다. "두려움은 완전한 것을 불완전한 상태로 변화시킬 수 있단다. 두려움은 영혼의 눈을 가려, 내면세계와 외부세계를 분간할 수 있는 능력을 빼앗아 버리지." "진실은 받아들이기가 힘든 것이지. 그러나 어떤 진실이든 그것을 이겨내면 더 큰 힘을 얻을 수 있단다." "우주를 얻는 것보다 자신을 지키는 일이 더 중요한 거야. 내 영혼을 팔아서 우주를 얻고 싶지는 않아." 같은 대사들은 독자를 이야기 안으로 끌어들이기보다 문간에서 머뭇거리게 만든다. 페페르온, 루와쌍, 피레티논, 미트말렌, 레이온드베르, 니벌엘리 등등 쏟아져 나오는 낯선 이름들도 그렇다. 어원을 짐작할 수 없고 맥락을 잡을 수 없는 기묘한 이름들이, 너무 설명적인 사건 전개와 함께 독서의 호흡을 약간 흩어 놓을 수도 있다.

그러나 보기 드물게 무게 있는 주제의식, 광활하고 현란한 환상적 배경들, 한쪽 눈에 시계를 박아 넣은 예언자의 모습 같은 강력하게 신비한 모티프 들은 읽는 이에게 깊은 울림을 남긴다. 특히 서정적이면서도 힘이 넘치는 서두는 기대와 설렘을 주고, 예수의 십자가를 연상시키는 말미의 장면은 가슴이 뻐근하게 조이는 감동을 준다.

우주적인 공간에 대한 감각, 선과 악의 치열한 투쟁, 장엄한 운명과의 대면, 신비하고 초월적인 세계에 대한 개안, 극한의 한계 상황에서 확인하는 자아, 불가능을 넘어서는 사랑의 힘…… 일상을 넘어서 이런 거대한 것들을 보게 해주는 것이 판타지의 힘이며, 『플로라의 비밀』은 때로는 붉은 불길처럼, 때로는 새파란 광선처럼 그 힘을 쏟아낸다.

동화의 본령이라고 할 수 있는 판타지, 우리로서는 아직 역사가 일천한 그 세계가 이 도발적인 작품을 통해 성큼 다가올 수 있으리라는 기대를 품어도 좋을 듯하다. 세 아이들의 출신 종족인 붉은빛이 상징하는 바, 식지 않는 열정이야말로 그 세계를 아름답게 유지하는 원동력이 될 것이다. 작가의 그 열정이 소중하고, 부럽다.

♠

❖ 왜 판타지인가

『지팡이 경주』
(김혜진 지음, 바람의아이들, 2007)

왜 작가들은 판타지를 쓸까? 어떤 작가가 판타지를 쓸까? 그들이 판타지를 통해 하고 싶어 하는 말은 무엇일까? 자기가 겪은 일도 아니고, 주위에서 일어나는 일도 아니고, 세상에 있을 법한 일도 아닌, 듣도 보도 못하고 생각조차 해본 적이 없던 일들, 전혀 있음 직하지 않은 인물과 배경과 사건을 굳이 만들어내는 그 심뽀(?)는 대체 뭘까?

600쪽에 달하는 두껍디두꺼운 판타지『지팡이 경주』를 읽으면서 새삼 솟아난 의문이었다. 책을 읽으면서 이런 질문이 생긴다는 것은, 아마도 이야기 속에 무방비로 빠져 들어가지만은 않았다는 의미일 것이다. 달리 표현하자면, 독자가 이야기 뒤의 작가를 시시때때로 의식하게 되었다는 말이다. 지금까지 동화는 작가의 자기표현 장이라기보다는 미래를 위한 교육적·

사회적·윤리적 가치관 발현의 장으로 여겨졌던 것이 사실이다. 우리가 동화에 대해 논의할 때 주제의 올바름성, 인물의 도덕성, 메시지의 선명성이 아닌 작가의 정체에 조명을 비추는 경우가 얼마나 있었는가. 동화 작가들에게 메시지 전달자로서가 아니라 작가로서의 자리를 찾아주는 일은 동화의 제자리를 찾는 일과 같은 맥락에서 중요해 보인다.

작가의 정체에 대한 궁금증은 리얼리즘 동화보다는 판타지를 읽을 때 더 선명하게 일어난다. 그렇지 않겠는가. 빤히 눈에 보이는 세상을 마다하고 얼토당토않아 보이는 묘한 세상을 만들어내는 작가의 속마음이 궁금하지 않을 수 없는 것이다. 이런 궁금증을, 작품 안에서 실마리를 찾아 풀어간다는 데 판타지의 묘미가 있다. 얼핏 비현실적으로 보이는 판타지의 인물과 사건과 배경이, 사실은 현실의 그것들을 압축하고 확장하고 비틀고 뒤집으면서 오히려 그 본질을 뚜렷하게 드러내는 장치로 기능한다는 것이 판타지 해석의 단초 중 하나임을 많은 연구자들이 지적한다. 마치 수수께끼를 풀듯, 암호를 해독하듯 판타지를 풀어내면 어느 순간, 현실적으로는 파악할 수 없는 현실이 환히 밝혀진다는 것이다. 독자에게 작품의 창조자로서 작가의 존재가 깊이 각인되는 것도 바로 그 순간일 것이다. 그 인물이 나와야 했고 그 장치가 필요했던 지점에 이르기까지 작가의 마음의 움직임을 추적해 보고 싶은 생각은 그렇게 해서 나온다.

『지팡이 경주』는 2004년 나온 같은 작가의 대형 판타지 『아로와 완전한 세계』에 이은 후속편이다. 후속편이라고 했지만, 연결된 이야기가 아니라 전편의 주인공 아로의 오빠인 아현이 완전한 세계에서 겪는 또 다른 사건이다. 이 작가는 이후로 아로의 언니인 아진의 다른 이야기를 덧붙여 『아무도 모르는 색깔』(바람의아이들, 2008)을 펴냄으로써 판타지 3부작을 완성했다.

중학교 3학년인 아현. 농구부 활동도 하는 활발한 아이였지만 3학년이 되면서 '혼자 있고 싶어 하는 예민한 아이'라는 딱지가 붙은 채 지금은 '뭔가 너무나 부족한 기분, 모든 게 너무나 지긋지긋한 기분'에 시달리다 체육관 창고 문을 통해 완전한 세계로 들어간다. 그리고 얼떨결에 참가한 지팡이 경주. 완전한 나라 안의 이곳저곳에 있는 '접점'에 지팡이를 꽂아야 하는 이 경주에서 아현은 왕자와 그의 시종, 사촌과 함께 수많은 모험을 겪는다. 그리고 비밀과 위험에 싸인 '근원'에까지 들어가 모든 문제 해결의 실마리를 제공한다. 자신의 분신이면서 함께 성숙해온 지팡이를 바다에 놓아 보내주고 창고 문을 통해 다시 현실 세계, 즉 불완전한 세계로 돌아온 아현은 '가득 찬 기분'을 느끼면서 집으로 돌아간다.

대체로 한 사람인 주인공(때로 여러 명일 경우도 있다)이 현실 세계에서 환상 세계로 들어가 수많은 모험을 겪고 다시 현실 세계로 돌아오는 구도는 서구 판타지의 한 전형을 이룬다. 전편인 『아로와 완전한 세계』에서도 그랬듯 작가는 이번 작품에서도 그 구도를 충실히 따른다. 구도뿐 아니라 등장인물과 사건과 배경의 성격 들도 서구 판타지의 관습을 종종 연상시킨다. 예를 들면 환상 세계로 가는 통로인 옷장은 나니아 연대기를, 경주에 참가하는 사람들이 장터거리에서 여러 준비물들을 구입하는 장면은 해리 포터를, 현실 세계의 누군가가 환상 세계를 유지하는 데 큰 역할을 한다는 설정은 『끝없는 이야기』를, 진정한 왕위 계승자만이 뽑을 수 있다는 지팡이는 아서왕 전설을 떠올리게 하는 식이다. 이 작가는 이렇게 서구 판타지 문법에, 이분법적 세계관에 익숙한 인물인 듯하다.

그렇다면 그는 세계를 그런 대립의 장으로 파악한 것일까? 절대선과 절대악이 맞서는 곳, 한 영웅이 세상의 질서를 잡고 다스리는 곳으로? 그렇지는 않다. 그는 그 문법과 세계관을 그대로 답습하지 않는다. 그 장치들을 출발점으로 삼았을 뿐, 그가 닿고자 하는 곳은 서구의 판타지처럼 누가 누구와 싸워 승리하는 전장이 아니라 서로 스며들고 함께 가는 화합의 장이다. 그는 가장 중심이 되는 모티프로 삼은 '지팡이'를 통해 그것을 드러낸다.

> "네가 변하지 않으면 지팡이도 변하지 않아. 하지만 지팡이가 자라기에 네가 자랄 수도 있지. 지팡이를 믿어 봐. 신뢰하라고. 지팡이가 거울이라도 되는 것처럼 네 자신을 비추어 보고, 창문이라도 되는 것처럼 그것을 통해 세상을 바라봐."

최초존재 중 하나인 흑고래의 선언이다. 불완전한 세계에서 온 아현의 완전한 세계의 분신인 지팡이는 그렇게 자신을 들여다보고 세상을 내다보는 통로를 아현의 내부에 닦아간다. 눈도 뜨지 못하던 나무토막에 불과하던 지팡이가 점차 인격을 부여받으면서 어디서 오는지 모를 지혜와 직감과 용기로 아현을 이끌어가고, 함께 지팡이

♠ 같은 책, 217쪽.

경주를 하던 인물들과 화합하게 만들고, 눈앞에 닥친 위험을 넘어서게 하는 과정은 사뭇 독창적이고 다이내믹하다. 신선하고 다채로운 공간 배경과 캐릭터들, 사건들이 너무 날 서지 않은 위협과 위험 속에서 역동적으로 펼쳐지면서도 부드럽게 서로 스며들도록 짜내는 솜씨는 감탄할 만하다. 아현을 성숙시키고 완전한 세계와 불완전한 세계를 화합시키는 요소가 믿음, 이해, 포용, 관용이라는 메시지는 서구 판타지와는 다른 한국 판타지의 새로운 가능성을 열어 보인다는 의미에서 믿음직하다.

그러나 발판이 되는 서구 판타지의 문법을 벗어나는 지점에서 작가가 새로이 세운 문법은 살짝 흔들리는 양상을 보인다. 아현이 환상 세계로 들어가게 하는 동기가 막연하고 추상적이라는 점이 가장 큰 요인일 것이다. 설득력 있는 환상 세계는 구체적이고 설득력 있는 현실적 동기에서 나올 수 있다. 엄마의 죽음과 아빠의 무관심과 친구들의 폭력(끝없는 이야기), 무구한 아이들의 고단한 삶과 비극적인 죽음(사자왕 형제의 모험), 양부모의 학대(미오, 나의 미오), 심심해서 죽겠는 한 소년의 놀고 싶은 열망(한밤중 톰의 정원에서), 앞뒤 가리지 않는 호기심과 탐구심(이상한 나라의 앨리스) 같은 예를 보자. '뭔가 너무나 부족한 기분, 모든 게 너무나 지긋지긋한 기분'은 아이다운 판타지 세계를 이끌어내는 동력으로는 그야말로 '부족한 기분'이다. 이 부족함을 뒷받침해주는 것이 주인공 아현의 제자리걸음이다. 왕자에 대한 저주를 부인하면서도 이야기가 중반 이후를 넘어설 때까지도 아현은 '싱숭생숭해졌다. 왕자와 함께 있다가 더 나쁜 일만 생기는 게 아닐까' 하는 의심을 버리지 못한다. 간단없이 사건의 진행을 막아서는 아현의 독백도 이야기의 흔들림에 기여한다.

궁극적인 종착점은 아현의 자기정체성 굳히기와 성장, 세상과의 화합이되, 그 과정이 회의와 의심과 흔들림으로 이루어져 있다는 점은 이 작품의 특징이자 진지한 탐구의 초점으로 떠올라야 할 것이다. 아마도 작가 자신이 세상을 모호하고 부족하고 지긋지긋한 곳으로 여기는 게 아닐까. 그런 세상을 확실하고 '가득 찬' 곳으로 만들기 위하여 겪는 환상의 여정은 소중하고 의미 깊다. 그러나 추상을 구상으로, 보이지 않는 것을 보이는 것으로, 이름 붙일 수 없는 것에 이름을 붙여서, 불확실한 것을 확실한 것으로 바꾸어 보여주는 판타지의 근원에 도달하기에는 아직 가야 할 길이 남아 있는 듯하다. 작가는 그 사실을 스스로 알고 있는 듯 3부작 이후에도 완전한 세계 이야기를 두 편 정도 더 펼치겠다고 한다. 초, 중반부의 불확실함과 망설임을 만회하면서 믿음직한 집중력과 뒷심을 보여주는 후반부에서 드러나는 이 작가의 역량은, 그 도전의 결과를 낙관하게 만든다.

♠

❖ 죄책감을 씻기 위해

『기억을 가져온 아이』
(김려령 지음. 문학과지성사, 2007)

『기억을 가져온 아이』는 제목이 말해주는 바 그대로 기억에 관한 판타지이며, 기억이 어떻게 인간관계에 관여하는지를 말하는 이야기이다. 기억의 속성을 다양한 캐릭터로 살려내서 기억에 관한 새롭고도 놀라운 인식을 이끌어내는 「기억의 호수」장은 두고두고 기억될 만한 명장면이라고 해도 크게 틀린 말은 아닐 것이다. 헛간 벽을 통해 두 아이가 2차 세계로 들어가는 장면에서 뿜어져 나오는 역동성도 인상적이다.

이 이야기에서 주인공 차근이를 괴롭히는 것은 엄마 아빠의 이혼보다는 할아버지의 실종이다. 차근이가 할아버지 생각을 떨칠 수 없는 이유가 표면적으로 명시되어 있지는 않지만, 할아버지와 함께했던 소중한 추억이 슬그머니 제시된다. 그러나 더 깊은 이유로 짚을 수 있는 것은 부모의 이혼이 할아버지 때문이라는 차근이의 인식이다. 아파트에 와서 같이 살게 된 할아버지가 심어 놓은 상추를 엄마가 모조리 뽑아버리는 식으로 할아버지를 밀어냈기 때문이라는 것이 차근이의 속마음으로 짐작된다. 차근이는 아마도 그렇게 밀려난 할아버지에 대한 죄의식에 시달리는 게 아니었을까. 우리가 할아버지를 밀어내고 잊었기 때문에 할아버지가 사라진 것이라는 자책감은, 드러나지 않지만 아이의 마음 깊이 도사리고 있는 듯하다. 아빠가 살고 있는 할아버지의 산속 집으로 엄마와 함께 가면서 차근이가 보이는 불안한 행동이 그것을 암시하며, '무엇보다 할아버지가 산속 집으로 돌아갈 때 가지 말라는 말을 못 해 우물쭈물댔던 내 모습도 빨리 잊고 싶은 기억'이라는, 기억의 호수에서 들려준 고백이 그것을 명시한다. 모두에게 잊혀서 오게 된 사람이나 동물들이 사는 떠나온 이들의 마을에는 할아버지가 없을 것이다, '난 할아버지를 잊은 적이 한 번도 없으니까'라는 단언도 그것을 뒷받침한다.

 차근이는 그렇게 불안감의 근원인 죄의식을 해소하기 위해 할아버지를 찾고, 그 탐색의 여정은 성공을 거둔다. 잊혀서 온 것이 아니라 스스로 원해서 온 사람들이 산다는 윗마을에서 발견한 할아버지는 할 일 많은 이곳에 남겠다며 하회탈 열쇠고리 하나를 쥐여준 채 차근이를 보낸다. 가방 손잡이를 툭툭 치며 돌아오는 차근이의 손에 열쇠고리가 차분히 들려 있던 장면은 차근이의 불안감이 해소됨을 보여준다.

 결핍되고 뒤틀린 가족관계에서 오는 어려움의 해결책을 아이가 자신의 자책감과 책임감에서 찾는 경우를 보여주는 이야기는 그 설정만으로도 신선하다. 심리학이나 교육학 이론에서는 이미 하나의 정설로 굳어진 이런 죄의식이 우리 동화에서 문학적으로 형상화된 것을 보는 일은 드물다. 더구나 이 작가는 이론적 뼈대를 입증하는 사례 같은 이야기가 아니라 주제를 찾기 힘들도록 숨겨 놓고 녹여 놓는 판타지 형식을 이용함으로써 문학의 독자적 영역을 확보해 보여준다. 차근이가 할아버지에게 부모의 이혼 사실을 숨기고 '저도 아빠도 엄마도 할아버지를 잊은 적이 정말 없었'다고 '거짓말'을 하는 대목에서는 아이뿐 아니라 어른들의 죄의식도 치유되는 듯하다. 아이는 어른의 아버지라는 낭만적 명제가 생생한 실체로 살아나는 현장인 이 이야기는 그래서 흐뭇하다. 차근이가 우리 동화에서 어른의 아버지인 아이 캐릭터의 맏형 자리에 서서 동생들의 탄생을 지켜볼 수 있게 될까. 그렇게 되기를 바란다.

❖ 판타지인 듯 아닌 듯

『은하철도 999의 기적』
(류호선 지음, 시공주니어, 2007)

『은하철도 999의 기적』은 성격이 독특하다. 문석이의 집과 학교와 병원에서의 일상이 애잔하게 펼쳐지는 사실적 이야기이지만, 결말 부분은 판타지로 처리되면서 어느 장르로 분류할지 애매해진다. 문석이가 영원한 생명을 부탁하기 위해 찾아 헤매는 은하철도 999의 메텔 누나가 아빠 옆 병실 할머니의 모습으로 나타나 문석이의 세 가지 소원을 들어주고 나중에 독자에게 정체를 드러내는 이 기발하고 영리한 마무리는, 우리가 아는 리얼리즘이나 판타지 문법과는 상당한 거리 바깥에 있다. 그러나 이것이 리얼리즘인지 판타지인지를 가리는 일은 중요하지 않다. 중요한 것은, 이런 개성적인 마무리를 통해 작가가 말하고자 하는 바를 성공적으로 전달했다는 점이다. 그것은, '힘겨운 현실은 환상을 통해서 극복되고 완성될 수 있다'는 전언이다. 문석이는 아빠가 입원해 있는 병원을 하얀 성으로, 아빠의 입원을 잠깐 머무름으로 바꿔 놓는다. 식물인간 상태인 아빠가 자신의 말은 물론 의사들의 말도 모두 알아들을 거라 굳게 믿고 있으며, 아빠와 함께 베갯속 깃털이 날리도록 베개 싸움을 하는 상상을 한다. 그러면서 먼지를 마법 가루라고 우기는 동생 지우도 기꺼이 제 편으로 끌어들여 함께 아빠를 깨우는 마법 의식을 행한다.

아이다운 공상으로 펼쳐지는 이 환상은 작품 말미에서 아이와 작가의 합력을 통해 애틋한 판타지 장면으로 펼쳐진다. 지우의 소원, 엄마의 소원, 문석이의 소원이 모두 현실화하는 것이다. 아빠가 깨어나 온 가족이 함께 장을 보고, 소풍을 간다. 문석이의 꿈으로 설정할 수도 있었을 이 소원성취 에피소드는, 문석이가 되돌아온 현실에서도 어떤 증거 같은 여운과 함께 생생한 현장감을 남긴다. 그 일이 사실이었는지, 문석이네 가족이 이후 그 일을 이루었는지 검증하는 대신 작가는 메텔을 등장시켜 판타지적 울림을 증폭시키고, 이 울림은 그 어떤 현실적 성취보다 더 흐뭇하고 웅숭깊은 위안을 독자에게 전해준다. 살아 있는 것도 아니고 살아 있지 않은 것도 아닌 아빠 주위를 맴돌면서 허구의 이미지인 메텔을 일상생활 가운데서 찾아 헤매는 문석이의 이야기를 담기에, 리얼리즘도 아니고 판타지도 아닌 이 작품의 구조는 더없이 적절해 보인다. 살면서 만난 모든 따뜻한 사람들이 메텔이라는 상징의 메시지뿐 아니라, 메텔은 실제로도 존재할 수 있다는 환상의 영역을 활짝 열어 놓은 작가의 다면적 시각에 마음이 탁 트이는 듯하다.

❖ 현재가 과거를 바꾼다

『거꾸로 가는 고양이 시계』
(고재현 지음, 책읽는곰, 2012)

내가 했던 그 일이 너무 후회스럽다. 그때로 돌아가 그 일을 바로잡고 싶다. 이런 판타지 같은 소망을 품는 아이는 믿음직스럽다. 시간의 흐름을 인식하고 사건의 원인과 결과를 파악할 수 있는 사고력을 갖추고 있기 때문이다. 게다가 자기 삶을 반성하는 성찰의 힘도 갖고 있다. 그 힘으로 미래를 만들어나간다. 그래서 그런 아이들을 그리는 시간 판타지는 상당한 논리와 철학을 담고 있는 경우가 많다.

『거꾸로 가는 고양이시계』가 그런 책이다. 준표, 희주, 기영이, 세은이 네 아이는 고양이가 그려진 시계를 받는다. 혹은 선물로 받고, 혹은 자기 돈으로 사고, 혹은 뽑기 기계에서 뽑는다. 이 시계가 아이들을 과거로 데려간다. 우연처럼 손에 들어온 이 시계는 그러나 필연의 산물이다. 아이들은 모두 과거와 직면해야 하는 필연적 이유가 있다. 현재의 자신을 가장 괴롭히는 것이 과거의 일이고, 그것을 풀지 않고는 미래가 없기 때문이다.

준표의 문제는 형사인 아빠다. 전에는 아빠가 자랑스러워 장래 희망이 경찰이었지만 지금은 아니다. 아빠는 초라해 보이고, 어깨의 흉터는 징그럽다. 고양이시계가 데려다준 과거에서 준표는 아빠가 어깨를 다치는 사건을 막아보려고 애를 쓰지만 아무것도 변화시키지 못하고 다시 현재로 돌아온다. 하지만 그때 만난 멋진 아빠는 마음속에 살아 있고, 흉터는 더 이상 징그럽지 않다.

늘 몸이 아파 자신에게 소홀한 엄마에게 불만을 터뜨리던 희주는, 아기를 낳기 직전인 엄마와 만난다. 길에서 산통을 맞은 엄마를 병원으로 옮겨서 자신이 태어나는 과정을 목격하는 희주는 산모와 아기 둘 중 하나는 포기해야 할지도 모른다는 의사의 말에 자기도 살려달라고 외친다. 엄마가 자신을 위해 어떤 대가를 치렀는지를 알게 된 뒤 달라진 희주. 엄마는 "우리 딸 다 컸네."라고 중얼거린다.

여기까지는 여느 시간 판타지와 크게 다른 점이 없어 보인다. 이 작가는 '과거는 되돌릴 수 없다, 중요한 것은 현재의 마음가짐이며 태도다.'라고 말하는 것 같다. 하지만 뒷이야기를 계속 보자. 차에 치일 뻔한 자신을 구하려다 다리를 다친 형에게 미안해 그 사고를 막아보려고 애쓰던 기영이는, 그런 자신의 노력이 오히려 형을 다치게 한 것을 알고 경악한다. 세은이의 경우는, 과거로 돌아가 현재를 바꾸는 데 성공한다! 시간의 흐름에 의한 인과관계와 논리가 절묘하게 무너지면서 독특한 판타지가 생겨난다. 세은이의 판타지는 '바꿀 수 있는 것은 바꿀 수 있다.'는 설득력과 희망을 준다. 기영이의 판타지는 과거가 현재를 만드는 것이 아니라 현재가 과거를 만들 수 있다는 새로운 상상력을 준다.

 이 네 가지 에피소드는 쉽지 않은 생각 거리를 던지고 있지만, 그렇다고 이야기 자체가 어려운 것은 아니다. 작가는 깔끔하면서 속도감 있는 문장과 적절한 유머 감각으로 사건을 흥미롭게 이끌어간다. 기영이가 여덟 살짜리 어린 자신과 쫓고 쫓기며 실랑이를 벌이고, 세은이가 한 달 전의 자신과 만나 얼굴을 맞대고 상황을 변화시킬 의논을 하는 등 신선한 설정들도 눈에 띈다. 그러면서 과거를 이해하고, 현재를 재정비하고, 자기를 다시 세우면서 미래를 예비하는 아이들이 모두 믿음직하고 기특하게 그려진다. 이렇게 아이들 속이 깊어지게 할 수 있다면, 이 고양이시계를 애써 구해볼 일이다.

❖ 얼토당토않은 아이의 이야기?

『우리 집 괴물 친구들』
(박효미 지음, 사계절, 2013)

'열 길 물속은 알아도 한 길 사람 속은 모른다'는 말이 있다. 이걸 '열 길 어른 속은 알아도 한 길 아이 속은 모른다'로 바꿔보면 어떨까? 맞다, 맞다, 맞장구치는 어른들이 상당히 있을 법하다. 아이를 키우거나 가르치거나 하다 보면, 애들이 도대체 무슨 생각인지 모르겠어서 속 터지는 경우가 한두 번인가.

이건 비단 어른들만이 아니라 아이들도 마찬가지다. 자기가 제법 어른인 줄 아는 아이는 저보다 어린 '아랫것'을 이해할 수가 없다. 이 책의 형 안상민이 동생 안종민을 보는 눈이 그렇다. 몰래 들어와서 여기저기 뒤지다가 자기 방을 쓰레기통으로 만들어 놓는 동생. 아끼는 물건을 슬쩍하는 동생. 방문에 귀를 대고 엿들은 말을 엄마에게 고자질하는 동생. 덕분에 저금통에서 돈 뺀 것도 들통 나고 숨겨 놓은 시험지도 발각되는 등 피해가 이만저만이 아니다. 대체 이 녀석이 왜 이러는 거야!

벼르고 벼르다 동생이 자기 가방을 뒤지는 현장을 덮친 형은 으름장을 놓는다. 이때 동생은 한 길 아이 속을 열어 보이는데, 그 속인 즉슨, 우리 집에는 괴물들이 산다는 것이다. 방을 난장판 만드는 건 이비야고, 형을 엿보고 엿들어 고자질하는 건 툴툴지아고, 형 물건에 손을 대는 건 누툴피피라는 괴물이라나! 자기가 그 괴물들을 말리면서 형을 지키느라 얼마나 고생하는지, 동생의 하소연이 늘어진다. 한 길 아이 속은 더욱더 미궁으로 빠져드는가.

그러나 형은 그 천연덕스러운 괴물 이야기를 따라가면서 차츰 동생의 속을 읽을 수 있게 된다. 동생과 함께 했던 이비야 놀이를 떠올리고, 지금은 까맣게 잊어버린 옛날 자신의 서랍 속 괴물을 떠올린다. 그러다가 눈을 끔벅끔벅하며 자기를 올려다보는 동생이 가엾어서 봐주기로 하고, 함께 축구를 하기로 한다. 비록 '오늘만'이기는 하지만!

그렇게 동생의 속을 읽어주는 형의 이야기인 이 책은, 어른들에게는 아이 속을 읽는 법을 알려주고, 아이들에게는 자기 속을 이야기하는 법을 알려준다. 이런 얼토당토않은 괴물 이야기로 어떻게 아이 속을 읽어내느냐고? 그건 형 상민이가 그러는 것처럼, 자기 어렸을 때를 떠올리면 된다. '녀석도 이제 나처럼 (……) 숙제도 많아지고, 걸핏하면 어른들한테 야단맞는 그런' 처지가 될 거라는 데 대한 연민의 마음을 가지면 된다. 별로 어려운 일도 아니지 않은가.

『말풍선 거울』, 『일기 도서관』 같은 '얼토당토않은' 이야기로 아이들 속을 알아주고, 위로해주고, 풀어주기 좋아하는 이 작가는 여기에서도 자신의 특기인 '언어 판타지'를 구사한다. 그의 작품에서는 현란한 마법이 구사되는 또 다른 세상이 나오는 것도 아니고, 현실이 소스라치게 뒤틀리는 것도 아니다. 평범한 일상에 약간의 파장이 일 뿐이다. 그 파장의 주요 기능은 알 수 없는 마음, 말할 수 없는 마음, 잠겨 있는 말, 입속에서 맴도는 말들이 혹은 신비하고 혹은 일상적인 글과 말의 형식으로 꺼내져서 눈에 보이고 귀에 들리게 하는 것이다. 그리고 신기함이나 남다름을 넘어서 자기성찰과 상호이해로 작용하는 것이다.

판타지는 그런 언어의 힘을 보여주는 장르다. 얼토당토않아 보이지만 내적인 동기와 구조가 개연성 있어서 설득력을 갖는다. 비현실적인 소리를 하는 것 같지만 사실은 우리 현실에 대한 비유, 축약, 통찰, 혜안, 해석을 담고 있는 텍스트다. 올바르고 깊이 있는 메시지를 엄숙한 훈계나 선언으로 가르치려 들지 않고 재미있는 이야기 안에 풀어 놓아 독자와 개별적으로 만나게 한다. 그리고 독자가 자유롭고 지혜롭게, 창조적으로 받아들이기를 원한다. 그러고 보면 모든 바람직한 상호교류적 언어활동은 판타지를 지향한다고 볼 수도 있지 않을까. 그리하여 현실과 판타지가 함께 탄탄해지는 자리가 판타지가 향하는 곳이 아닐까.

찾아보기
Index

국내 작가

강숙인 241
강정연 201, 240, 242
고재현 188, 262
공지희 187, 215, 222
권정생 198
김기정 220
김려령 188, 243, 257
김리리 216
김성일 190
김성진 215
김성희 185
김소민 216
김영주 197
김용준 200
김우경 230
김진경 187
김태호 231
김혜진 187, 221, 242, 251
류호선 260
마해송 240
문선이 205
박용기 206, 224-225
박지리 191
박효미 242, 265

배미주 191
백희나 244
보린 218
서화교 189, 192
서화숙 196
성완 196
안미란 205
오진원 187, 246
유승희 226
이현 206
이나영 188
이미현 213-214
이성숙 242
이현주 196
임정자 196, 212
전성희 208
정명섭 185
조성자 242
조영아 197
주경철 199
차율이 202
천효정 196
최도영 216
최상희 192, 193-194, 234-235
최양선 192, 198
최영희 209-210, 237
허가람 203

국외 작가

가너, 알란 Garner, Alan 62, 84
괴테, 요한 볼프강 폰 Goethe, Johann Wolfgang von 68, 71
그레이엄, 케네스 Grahame, Kenneth 80-81
네스빗, 에디스 Nesbit, Edith 19, 26, 31, 34, 36, 42-43, 80-81, 123
노들먼, 페리 Nodelman, Perry 217
노발리스 Novalis 68, 71
노튼, 메리 Norton, Mary 83
뇌스틀링거, 크리스티네 Nöstlinger, Christine 51, 71, 74, 76, 144-145, 154-157
니체, 프리드리히 빌헬름 Nietzsche, Friedrich Wilhelm 68
달, 로알드 Dahl, Roald 86
디킨스, 찰스 Dickens, Charles 77
라겔뢰프, 셀마 Lagerlöf, Selma 51
렝글, 매들렌 L'Engle, Madeleine 30, 35, 42, 89, 122, 138, 140, 142
로리, 로이스 Lowry, Lois 92
로슨, 로버트 Lawson, Robert 90
로프팅, 휴 Lofting, Hugh 46
롤링, 조앤 Rowling, Joanne Kathleen 182
루이스, 클라이브 스테이플즈(C. S.) Lewis, Clive Staples 19, 29-30, 34, 36, 55, 61, 83, 120-127, 132, 211

르 귄, 어슐러 LeGuin, Ursula 54-56, 60, 62-63, 84-85, 94, 122
리어, 에드워드 Lear, Edward 80
린, 그레이스 Lin, Grace 95
린드그렌, 아스트리드 Lindgren, Astrid 34, 49, 71, 74, 76, 114-115, 119, 156
매큐언, 이언 러셀 McEwan, Ian Russell 86-87
맥도널드, 조지 MacDonald, George 26, 34, 77-79, 83, 123, 191, 212
맥카프리, 앤 McCaffrey, Anne 85
밀른, 앨런 알렉산더 Milne, Alan Alexander 106-112
바움, 프랭크 Baum, Frank 31
반힐, 캘리 Barnhill, Kelly 94, 158
배비트, 나탈리 Babbitt, Natalie 43, 93
버로웨이, 재닛 Burroway, Janet 203
베리, 제임스 매튜(J. M.) Barrie, James Matthew 31, 80-81
베스코브, 엘사 Beskow, Elsa 74
베텔하임, 브루노 Bettelheim, Bruno 52
보스턴, 루시 M. Boston, Lucy. M. 83
블루본드 랭너, 마이라 Bluebond-Langner, Myra 130
센닥, 모리스 Sendak, Maurice 42, 57
셸던, 조지 Selden, George 90
셰익스피어, 윌리엄 Shakespeare, William 77, 101

셸링, 프리드리히 빌헬름 폰 Schelling, Friedrich Wilhelm Joseph von 69
아인슈타인, 알베르트 Einstein, Albert 60, 92, 105, 135, 139
안데르센, 한스 크리스티안 Andersen, Hans Christian 45-47, 54-55, 71, 77, 115, 123, 154
알렉산더, 로이드 Alexander, Lloyd 26-27, 84, 93, 151
애덤스, 리처드 Adams, Richard 46, 85
어틀리, 앨리슨 Uttley, Alison 43
에이킨, 조안 Aiken, Joan 85
엔데, 미하엘 Ende, Michael 52, 63, 72-73, 161, 163-168, 176-177
오브라이언, 로버트 C. O'Brien, Robert C. 47, 85, 92
와일더, 로라 잉걸스 Wilder, Laura Ingalls 90
웨스톨, 로버트 Westall, Robert 85
웰스, H. G. Wells, H. G. 191
이고프, 쉴라 A. Egoff, Sheila A. 9, 58, 60
초서, 제프리 Chaucer, Geoffrey 77
칸트, 이마누엘 Kant, Immanuel 69
캐럴, 루이스 Carroll, Lewis 30-31, 71, 77-80, 83, 101, 103-105, 123
캐스트너, 에리히 Kästner, Erich 34, 72-73, 211
켈러, 태 Keller, Tae 95

켈리, 에린 엔트라다 Kelly, Erin Entrada 95
콜로디, 카를로 Collodi, Carlo 49
쿠퍼, 수잔 Cooper, Susan 36, 94, 122
크로스, 질리언 Cross, Gillian 86
크루스, 제임스 Kruss, James 48, 73
키플링, 조지프 러디어드 Kipling, Joseph Rudyard 80-81
킹즐리, 찰스 Kingsley, Charles 30, 77-78, 83
토펠리우스, 자카리아스 Topelius, Zacharias 97-98
톨킨, 존 로날드 로웰 Tolkien, John Ronald Reuel 9, 19, 35-36, 85, 121-122, 124, 132, 186, 211
트래버스, 파멜라 린든(P. L.) Travers, Pamela Lyndon 30
파머, 낸시 Farmer, Nancy 94
패터슨, 캐서린 Paterson, Katherine 123
페네 뒤부아, 윌리엄 Pène du Bois, William 92
페로, 샤를 Perrault, Charles 77
포터, 비어트릭스 Potter, Beatrix 74, 80
푼케, 코넬리아 Funke, Cornelia 73-74, 182
피어스, 필리파 Pearce, Philippa 27, 33, 43, 83, 131, 211
호반, 러셀 Hoban, Russell 90
호프만, E. T. A. Hoffmann, E. T. A. 71
홀바인, 볼프강 Hohlbein, Wolfgang 55

화이트, 얼윈 브룩스(E. B.) White, Elwyn Brooks 47, 90, 128

횔덜린, 프리드리히 Hölderlin, Friedrich 67

작품

21개의 열기구 The Twenty-One Balloons 92

5월 35일 Der 35. Mai 34, 72

64의 비밀 206, 224

B의 세상 234

가벼운 공주 The Light Princess 79, 211-212

거꾸로 가는 고양이 시계 188, 228, 232, 262-264

거울 나라의 앨리스 Through the Looking-Glass and What Alice Found There 31

거짓말 학교 208

걸리버 여행기 Gulliver's Travels 77

고양이 학교 187, 221

곰돌이 푸우는 아무도 못 말려 Winnie-the-Pooh 106-113

공주와 고블린 The Princess and the Goblin 78, 191

괴물들이 사는 나라 Where the Wild Things Are 42, 57

괴수학교 MS 197

구렁덩덩 신선비 42

굿 파이트 192, 207

그림자 Skyggen 54

급속히 기울어지는 행성 A Swiftly Tilting Planet 138

기억 전달자 The Giver 92

기억을 가져온 아이 189, 243, 257-259
깡통 소년 Konrad oder Das Kind aus der Konserven-büchse 76
꼬마 토끼 조지의 언덕 Rabbit Hill 90
꿀벌 마야의 모험 Die Biene Maja und ihre Abenteuer 51
끝없는 이야기 Die Unendliche Geschichte 37, 63, 73-74, 161-177, 183, 186, 248, 253
나는 임금님이야 213-214, 234
나니아 연대기 The Chronicles of Narnia 9, 34, 83, 120-127, 152, 158, 183, 186, 211, 242, 253
나야 뭉치 도깨비야 196
내 이름은 삐삐 롱스타킹 Pippi Långstrump 49, 52, 75, 114-119
내부의 세계 The World Within 58
널 만나러 지구로 갈게 190
네버랜드 미아 220
뉴욕에 간 귀뚜라미 체스터 The Cricket In Times Square 90
니벨룽겐의 노래 Nibelungenlied 67
닐스의 이상한 여행 Nils Holgerssons underbara resa genom Sverige 50-51, 183
다락방 명탐정 196-197
다윈 영의 악의 기원 191, 208
달 샤베트 244
달빛 마신 소녀 The Girl Who Drank the Moon 94, 158-160
대홍수 Many Waters 138

도서관 속의 도시 속의 도서관 속의 도시 The Town in the Library, in the Town in the Library 31
도깨비 느티 서울 입성기 196
동물 회의 Die Konferenz der Tiere 72
둘리틀 박사 이야기 The Story of Doctor Dolittle 46, 90
땅 속 괴물 몽테크리스토 203
라이팅 픽션 Writing Fiction 203
레기 내 동생 216
로봇의 별 206
로테와 루이제 Das Doppelte Lottchen 72
뢰제의 나라 241
마녀 199
마녀를 잡아라 The Witches 86, 199
마녀 위니 Winnie the Witch 199
마루 밑 바로우어즈 The Borrowers 83-84
마법 도시 The Magic City 34
마법사의 조카 The Magician's Nephew 36, 125
마법의 빨간 립스틱 215
마법의 빨간 부적 216
마틸다 Matilda 86
만복이네 떡집 213
말과 소년 The Horse and His Boy 125
말풍선거울 242, 266
머릿속의 난쟁이 Der Zwerg im kopf 154-157
메르헨몬트 Märchenmond 55

273

메리 포핀스 Mary Popins 30, 35
모래요정과 다섯 아이들 Five Children And It 81, 180
모모 Momo 52, 165
몬스터 바이러스 도시 192, 224
무한 육각형의 표범 224
물의 아이들 The Water-Babies 30, 34, 37, 78
미오, 나의 미오 Mio, min Mio 37, 75, 248
미운 오리 새끼 The Ugly Duckling 45–46
미지의 파랑 202, 227
바다 너머, 바위 아래 Over Sea, Under Stone 94
바람의 문 A Wind in the Door 138
바빠가족 240
바위나리와 아기별 240
반지의 제왕 The Lord of the Rings 18, 36, 85, 122–123, 152, 158, 183, 186, 211
밥데기 죽데기 198
버드나무에 부는 바람 The Wind in the Willows 81
별의 눈 Stjarnoga 97–100
부엉이 쟁반 The Owl Service 62
부적 이야기 The Story of the Amulet 35–36, 43
북풍의 등에서 At the Back of the North Wind 26, 34

분홍 문의 기적 201, 228
비밀의 숲 테라비시아 Bridge to Terabithia 123
비밀의 저택 그린 노위 The Children of Green Knowe 83
비밀의 책 The Book of Three 93
사람이 되고 싶었던 고양이 The Cat Who Wished to be a Man 151
사자와 마녀와 옷장 The Lion, the Witch and the Wardrobe 34, 37, 120–124, 199
사자왕 형제의 모험 The Brother Lionheart 75, 255
산과 달이 만나는 곳 Where the Mountain Meets the Moon 95
산적의 딸 로냐 Ronja rovardotter 75
새벽 출정호의 항해 The Voyage of the Dawn Treader 30
새벽이 되면 떠나라 185
생쥐와 그의 아들 The Mouse and His Child 90
샬롯의 거미줄 Charlotte's Web 47, 90–91, 128–130
소원 떡집 213
수일이와 수일이 230
시간 가게 188
시간 여행자, 비밀의 문을 열다 A Traveller in Time 43
시간의 주름 A Wrinkle in Time 30, 35, 42, 89–90, 92, 138–143, 248

싱커 191, 206, 224
쌍둥이와 슈퍼 쌍둥이 Twin and Super- twin 86
씨앗을 지키는 사람들 205, 221
아기도깨비와 오토제국 196
아로와 완전한 세계 187, 242, 252-253
아무도 모르는 색깔 242, 253
악마 교장 The Demon Headmaster 86
안녕 우주 Hello, Universe 95
안녕, 베타 209
알렙이 알렙에게 210, 236-237
어두운 계단에서 도깨비가 196, 212, 220
어둠이 떠오른다 The Dark is Rising 37, 94
어린 왕자 Le Petit Prince 190
어린이문학의 즐거움 2 The Pleasures of Children's Literature 217
어스시의 마법사 The Wizard of Earthsea 62, 248
엄마 사용법 215
에밀과 탐정들 Emil und die Detektive 72
엘리도어 Elidor 62
영모가 사라졌다 187, 222, 232
오이대왕 Wir pfeifen auf den Gurkenkönig 51-52, 76, 144-150, 154
오즈의 마법사 The Wizard of Oz 31, 37, 39, 89-90, 95, 183, 186
용의 미래 198
우리 집 괴물 친구들 265-267

워터십 다운 Watership Down 46
위대한 마법사 달벤 Foundling and other tales of Prydain 151-153
유나의 유나 234
유령 놀이 189, 201, 228
은의자 The Silver Chair 127
은하철도 999의 기적 260-261
이발소의 돼지 Das Schwein beim Friseur und anderes 211
이상한 나라의 앨리스 Alice's Adventures in Wonderland 30, 34, 37, 71, 79, 101-105, 211
일기도서관 242, 266
임욱이 선생 승천 대작전 197, 228
잉크데스 Tintentod 73
잉크스펠 Tintenblut 73
잉크하트 Tintenherz 73
잠자는 숲속의 공주 9, 42, 212
장군이네 떡집 213
전갈의 아이 The House of the Scorpion 94
정글 북 The Jungle Book 81
제후의 선택 231
젠 왕자의 모험 The Remarkable Journey of Prince Jen 151
좀비 썰록 185
죽어가는 아이들의 사적인 세계 The Private World of Dying Children 129
지구 행성 보고서 226

지붕 위의 카알손 시리즈 Karlsson på taket 75
지엠오 아이　205, 221
지팡이 경주　221, 242, 251-256
짐 크노프와 기관사 루카스 Jim Knopf und Lukas der Lokomotivführer　164-165
차라투스트라는 이렇게 말했다 Also Sprach Zarathustra　68
찰리와 초콜릿 공장 Charlie and the Chocolate Factory　86
천로역정 The Pilgrim's Progress　77
침　210
캔터베리 이야기 The Canterbury Tales　77
캡슐 마녀의 수리수리 약국　216
컵고양이 후루룩　218
타임 머신 The Time Machine　191
토마큘라　200-201, 228
트리갭의 샘물 Tuck Everlasting　43, 93
팀 탈러, 팔아버린 웃음 Timm Thaler oder Das verkaufte Lachen　73
파우스트 Faust　68, 73
펠레의 새 옷 Pelles Nya Kläder　74
푸른 꽃 Heinrich von Ofterdingen　68
프리스비 부인과 니임의 쥐들 Mrs. Frisby and the Rats of NIMH　47, 92
플로라의 비밀　187, 246-250
피노키오 Le avventure di Pinocchio　22, 49

피터 래빗 이야기 The Tale of Peter Rabbit　74
피터 팬 Peter Pan　31, 35, 38, 81-83, 186
피터의 기묘한 몽상 The Daydreamer　86-87
하늘을 나는 교실 Das fliegende Klassenzimmer 72
하니와 코코　192-194, 223
학교에 간 사자 Lion at School and Other Stories 211-212
한밤중 톰의 정원에서 Tom's Midnight Garden 27, 33, 43, 83-84, 131-137
해와 달이 된 오누이　95
호두까기 인형 Nussknacker und Mausekönig 70-71
호랑이를 덫에 가두면 When You Trap a Tiger 95
호철이 안경은 이상해!　242
화성에서 온 미루　242
히페리온 Hyperion　68
아서왕 이야기　77, 254
이솝 우화　44, 77
어스시 시리즈 Earthsea　62, 84, 94
초원의 집 시리즈 Little House on the Prairie 90
프리데인 연대기 The Chronicles of Prydain 26, 84, 93, 151-152
해리 포터 시리즈 Harry Potter　87-88, 152, 258, 181-183, 186, 241-242, 253

◆

1차 세계 93

2차 세계 19, 30, 32, 35, 93, 122, 132, 139, 186-187, 189, 207, 257

낭만주의 67-71, 77, 129, 168

라이트 판타지 212, 234

로우 판타지 93

리얼리즘 84-85, 181-182, 252, 260-261

빅토리아 시대 77, 80, 83, 85, 102

사이언스 픽션 30, 36, 92, 120, 138

사이언스 픽션 판타지 30, 92, 138

산업혁명 81

시간 여행 43, 81, 140, 188, 227

알레고리 44, 51, 123-124, 126

에드워드 시대 80

전래동화 8, 21-23, 33, 36, 42, 45, 51-53, 71, 77, 79, 81, 83

쿤스트메르헨 71, 96

폴크스메르헨 69, 71, 96

하이 판타지 93-94, 122, 152, 158, 187, 221

환상계 39, 63, 161-163, 165-170, 172-173, 175-177

환상적 성격 Phantastik 67

현실 너머를 밝혀주는
판타지 동화를 읽습니다

1판 1쇄 발행   2021년 9월 27일

지은이   김서정
펴낸이   한기호
책임편집   여문주
편　집   오선이, 서정원, 박혜리
본부장   연용호
마케팅   윤수연
경영지원   김윤아
디자인   박소희

펴낸곳   (주)학교도서관저널
출판등록   제2009-000231호(2009년 10월 15일)
주　소   서울시 마포구 동교로12안길 14(서교동) 삼성빌딩 A동 3층
전　화   02-322-9677
팩　스   02-6918-0818
전자우편   slj9677@gmail.com
홈페이지   www.slj.co.kr

ISBN   978-89-6915-116-2 03800

* 이 책은 저작권법에 따라 보호받는 저작물이므로 무단전재와 무단복제를 금합니다.
* 잘못 만든 책은 구입하신 서점에서 바꾸어 드립니다.
* 책값은 뒤표지에 적혀 있습니다.